회사에서 글을 씁니다

회사에서 글을 씁니다

회사에서 글을 씁니다

정태일 지음

이메일부터 건배사까지
조직에서 무조건 인정받는
직장인의 실전 글쓰기 스킬

"회사에서 글을 씁니다"라고 하면 "일은 안 하고요?"라며 고개를 갸우뚱합니다. "사장님 말씀을 쓰는 '스피치라이터speech writer'입니다"라고 설명하면 "그게 뭔데요?"라는 질문이 바로 되돌아옵니다. 퇴근 후 시간을 쪼개 책도 서너 권 냈다고 하면 "직장인이 책을 쓴다고요?"라며 눈이 커집니다. 이 책《회사에서 글을 씁니다》는 이 세 가지 질문에 대한 제 나름의 대답입니다.

책을 쓰면서 '글쓰기'라는 게 도대체 뭔지부터 다시 한번 고민해 봤습니다. 좀 더 쉽게 설명할 수 있는 일상 속 사례가 없나 주변을 샅샅이 뒤졌습니다. 출퇴근길, 점심시간, 회의, 보고, 시무식과 종무식, 그리고 넥타이를 푼 회식 자리에서도 바로 이 '글쓰기'라는 게 우리 주변을 항상 맴돌고 있다는 걸 새삼 확인했습니다.

회사 바깥에서 벌어지는 글쓰기 사례들도 새롭게 수집했습니다. 국내외 뉴스는 물론이고, 드라마, 영화, 웹툰을 있는 대로 싹 뒤졌습니다. 유튜브, 인스타그램, 페이스북을 하다가도 문득 글쓰기와의 관계를 생각해 봤고, 내친김에 계정을 만들어 콘텐츠를 올리기도 했습니다. 1인 미디어가 발달하면서 자기를 제대로 표현하는 게 경쟁력인 시대가 됐습니다. 직장인이 굳이 글을 쓰지 않아도 되던 시절은 이제 완전히 끝났습니다.

'나랑 상관없어!'라는 말로 이런 흐름을 애써 모른 척해봐도 회사생활의 절반은 이미 글쓰기입니다. 자기 분야에서 일정 수준 이상의 글을 꾸준히 써내지 못하면 그저 그런 월급쟁이 중 하나로 살아갈 수밖에 없습니다. 챗지피티ChatGPT가 아무리 발전해도 '내 글을 스스로 써내느냐 그렇지 못하느냐'는 직장인의 생존과 성장, 그리고 새로운 가능성을 결정하는 핵심역량입니다.

저는 직장인들이 누구보다 글을 잘 써야 한다고 생각합니다. 그리고 조금만 생각을 바꾸고 노력하면 다들 잘 쓸 수 있습니다. 지겹도록 들어온 작문 기법을 달달 외우지 않아도 됩니다. 저의 '글 쓰는 삶'을 가벼운 마음으로 지켜보다 보면 글쓰기 요령은 저절로 배우게 될 거라고 생각합니다. 저의 진심이 독자 분들께 온전히 가닿기를 바랍니다.

하지만 이 책 한 권으로 글쓰기의 모든 것을 다 설명드릴 순 없을 겁니다. 아니, 제가 아는 작은 것들만 다 이야기하기에도 많이 부족합니다. 그럼에도 불구하고 한 가지 확실한 건, 이 책을 끝까지 다 읽고 나면 글쓰기가 좀 더 쉬워지고 '아, 나도 뭔가 쓰고 싶다'는 생각이 조금은 생길 거라는 점입니다.

제 곁에는 '글을 잘 쓰고 싶다'는 직장인들이 너무나도 많습니다. 글머리로 일머리를 키우고 싶은 오 대리님, 보고서를 한 번에 통과시키고 싶은 이 과장님, 내 책을 한 번 써보고 싶은 김 차장님, 글 쓰는 괜찮은 꼰대가 되고 싶은 박 부장님.
이 책 《회사에서 글을 씁니다》를 통해, 나의 사랑하는 직장인 동료와 선후배님들께 '나도 잘 쓸 수 있다'는 묘한 자신감을 선물하고 싶습니다.

나주 빛가람 혁신도시와 동대문 구도심을 오가며
하는 여행자 정태일

c o n t e n t s

직장인에게 '글은 곧 상품'이다

글쓰기가 두렵다는 직장인들이 꽤 많습니다. 그럴 법도 한 게, 우리는 좋은 선생님을 만나 글쓰기를 체계적으로 배워본 적이 한 번도 없습니다. 서점에 나가봐도 그럴 듯한 이론들을 짜깁기한 책들만 가득합니다. 글쓰기라곤 시험문제를 풀기 위해 학교에서 배워본 게 전부입니다. 세상이 이러하니 글쓰기를 싫어하고 두려워하는 게 꼭 당신만의 잘못은 아닙니다. 이 책《회사에서 글을 씁니다》는 그런 직장인들과 함께 고민하고 한 발씩 함께 걷는 친절한 책이고자 합니다.

이 책은 '글은 상품이다'라는 다소 낯선 문장으로 독자 분들의 닫힌 마음을 두드립니다. Part 1에서는 글이라는 상품을 제값에 잘 팔리려면 최소한 어느 정도의 품질을 어떻게 갖춰야 하는지를 이야기합니다. 직장인이 글을 못 쓰는 세 가지 이유를 곰곰이 따져보다가, 그게 왜 이유가 아니라 변명인지를 차근차근 말해줍니다. 앞으로는 글을 쓰는 사람과 쓰지 못하는 사람의 차이가 얼마나 벌어지게 될지를 구체적으로 예상해 보고, 회사생활이 지겨울수록 글쓰기를 잘해야 한다고 다그칩니다. 화성 연쇄살인사건의 범인을 잡은 형사처럼 '집요하게, 외롭게, 끈질기게' 글을 쓰라고 속삭입니다.

Part 2에서는 겁이 많아 시작도 못하는 분들에게 '제발 첫 문장은 아무렇게나 쓰자'며 글쓰기의 세계로 등을 막 떠밉니다. '짧고, 쉽고, 정확하게'라는 세 가지 원칙만 지켜도 투머치토커 박찬호처럼 '저 양반, 거 참 말 많네' 이런 소리는 안 듣는다는 농담을 건네면서요. 이 책은 "잘 쓰고 싶으면 잘 살아야 한다"며 짐짓 세상을 초월한 어른 흉내를 내다가도 "별정직으로 먹고 살기가 쉽지 않다"는 어린아이 같은 하소연도 떠들어 댑니다.

Part 3에서는 〈백종원의 골목식당〉을 함께 보다가 "요리를 잘하면 글도 잘 쓴다"며 글의 구성요소를 배우라고 말합니다. '찌질함이 글쓰기의 원천'이라며 "우리 좀 더 맘껏 찌질해지자"라는 자기궤변도 늘어놓습니다. 미국 드라마 〈워킹데드〉를 소개하다가도 글쓰기를 이야기하고, 이효리가 나오는 〈캠핑클럽〉을 보다가도 갑자기 글쓰기를 이야기합니다. "제발 쪽팔리게 맞춤법은 틀리지 말자"라며 까칠한 지적질을 마구 해대다가, 함석헌 선생의 시를 읊으며 '믿을 수 있는 단 한 명의 독자를 만들라'는 엄숙함도 함께 보여줍니다.

Part 4에서는 글쓰기가 잘 안 될 때는 청와대를 몰래 공짜로 베끼면 된다거나, 쓰고 싶은 이야기 주변을 스토킹하면서 소재들을 이것저것 모두 다 수집하라는 위험한 조언도 합니다. 자꾸만 스스로 정해놓은 약속을 깨고 글쓰기를 포기해서 걱정이라면, 주변 사람들에게 마감을 공개하고 어떻게든 소정의 구독료를 받아보라는 파격적인 소리도 합니다. 언제라도 글을 쓸 준비가 되도록 '글쓰기 루틴'을 만들어야 한다는 조언도 잊지 않습니다.

이어서 Part 5에서는 이력서와 자기소개서, 보고서와 이메일, 리뷰와 칼럼, 건배사, 축사, 퇴임사, 사과문, 그리고 소셜미디어 글쓰기까지 직장인들이 경험하는 다양한 글의 종류를 제시하면서 그때그때 어떻게 다르게 써야 하는지를 친절하게 알려줍니다.

회사생활과 글쓰기의 공통점을 시원하게 콕콕 짚어주는 건 Part 6입니다. 직장생활을 하지 않았다면 절대 모를, 월급쟁이들 만의 웃기고도 슬픈 이야기를 신명나게 풀어놓습니다. 글을 못 쓰는 사람이 왜 승진하면 안 되는지, 이공계와 공무원의 글이 왜 그렇게 어려운지, 우습게 보던 빈말들이 회사생활에 얼마나 활력소가 되는지, 아부와 충성은 뭐가 같고 어디가 다른지, 신년사는 도대체 어떻게 쓰는 글이기에 그 안에 승진비결이 숨어있다는 것인지를 자세히 풀어줍니다.

나아가 이 책의 결론은 Part 7의 '내 책 쓰기'입니다. 직장인들이 왜 책을 써야 하는지, 왜 꼭 지금이어야 하는 건지, 무슨 내용을 어떻게 써야 하는지, 누구를 조심하고 어떤 상황을 피해야 하는지, 일단 책을 쓰고 나면 어떤 일이 벌어지는지를 과감하면서도 솔직하게 이야기합니다.

이 책은 글 하나하나가 그 자체로 독립된 칼럼이자 이야기이면서, 그것들이 모여 더 큰 이야기를 만드는 좀 독특한 구조를 가지고 있습니다. 굳이 처음부터 순서대로 읽지 않아도 괜찮고, 평소 관심이 있던 것들만 따로 떼어 읽어도 좋습니다. 바쁜 업무시간과 출퇴근길에 필요한 부분만 가볍게 찾아 읽어도 충분합니다.

글쓰기를 제대로 시작하고 싶은 직장인들이 서로의 삶과 글쓰기를 응원하면서 이 책의 내용을 카톡 메시지처럼 편안하게 주고받았으면 좋겠다는 바람입니다.

　욕심을 조금 더 낸다면, 이 책을 재미있게 읽었다는 고마운 독자 분들과 종로나 광화문에 모여 소소하게 맥주 한 잔 할 수 있다면 그보다 더한 행복이 없을 것 같습니다. 글쓰기가 무섭다는 직장인 분들께 목 넘김이 좋은 하이네켄 오리지널처럼 유니크하게 기억되고 싶습니다. 고맙습니다.

Part 1

글쓰기가 두렵다는 당신에게

Writer's Pick

"나도 소설을 써보고 싶어." / "그래? 그럼 쓰면 되지." /
"농담이야 농담." / "내가 어떻게 써." / "왜 나도 쓰는데 당
신이 왜 못 써?" / "쓸 수 있는 사람은 늘 그렇게 말하지." /
"아냐, 생각보다 쉬워." / "그러면 당신 작곡할 수 있어?" /
"피아노 연주는?" / "당연히 못하지." / "그거랑 마찬가지야."
/ "글을 쓰려고 하면 머릿속에 아무것도 안 떠오르는 걸."

《우리 집 문제》 오쿠다 히데오

같지만 좀 다른 글쓰기
◇ 글은 상품(商品)이다 ◇

'스피치라이터'를 우리말로 풀어보면 '연설문 작가'입니다. 낯선 이 직업을 이해하려면 스피치라이터가 주요인물로 등장하는 미국 드라마 〈지정생존자 Designated Survivor〉와 일본 드라마 〈오늘은 일진도 좋고 本日は'お日柄もよく〉를 보시면 조금 도움이 됩니다. 최근에는 대선 후보와 선거캠프 연설문 작가의 로맨스를 다룬 샤를리즈 테론 주연의 〈롱샷 Long Shot〉이라는 영화도 있습니다.

영화 속 모습만큼 치열하지는 않지만, 스피치라이터인 저는 회사에 존재하는 거의 모든 종류의 글을 씁니다. 보고서와 이메일은 기본이고, 취임사, 신년사, 기념사, 환영사, 경영 서신, 축사, 추도사, 건배사, 사과문, 보도자료, 칼럼 등을 씁니다. 또 운 좋게도 제 이름을 걸고 몇 권의 책을 냈는데, 그 덕분에 회사에서 '글깨나 쓰는 사람'으로 약간의 인정을 받고 있습니다.

이렇게 회사에서 매일 글을 쓰고 책을 냈지만, 문학적 글쓰기는 아직 잘 모릅니다. 셰익스피어의 희곡《햄릿》과 세르반테스의 소설《돈키호테》같은 건 시도조차 안 해봤습니다. 조정래의 대하소설《태백산맥》이나 피천득의 수필《인연》, 정지용의 서정시 《향수》를 쓰는 방법을 알지 못합니다. 〈눈이 부시게〉〈미스터선샤인〉〈동백꽃 필 무렵〉 같은 드라마 대본이나 〈인터스텔라〉와 〈포레스트 검프〉 같은 영화 시나리오를 쓰는 방법도 설명할 수 없습니다.

하지만 직장인의 글쓰기라면 조금 자신 있습니다. 꼭 들어갈 내용이 뭐고 들어가거나 빠지면 좋은 게 뭔지 잘 알고 있으니까요. 어떤 점을 더 살리고, 무엇을 얼마나 고쳐야 하는지, 어느 부서에서 무슨 자료를 어떻게 더 구해 와야 할지, 개떡 같은 소리를 어떻게 찰떡같이 바꿀지 등을 직업적으로 남들보다 조금 더 알고 있습니다. 지금부터 그 방법들을 편안하게 이야기해 드릴 생각입니다.

그런데 의외로 많은 사람들이 '글쓰기라는 게 배우거나 가르칠 수 있는 거예요?'라고 되묻습니다. 심지어 '글을 쓰려면 그만한 재능을 하늘이 내려줘야 한다'는 마술 같은 이야기도 합니다.

하긴 무라카미 하루키를 보면 그런 말이 꼭 틀린 건 아닌 것 같습니다. 소설가가 된 계기를 묻자 "스물아홉이던 어느 날 야구장에 혼자 앉아 있다가 문득 소설가가 되어야겠다는 생각이 들었다. 그때부터 소설을 쓰기 시작했다"고 고백했다지요. 이처럼 글쓰기에는 분명 '천부적 재능'과 '운명적 계기'가 필요하긴 합니다. 다만 그것은 문학文學과 같은 예술 영역에서만 그렇습니다.

정말로 모든 글쓰기가 이렇게 시작되는 거라면 아마도 저를 포함한 지구인 대부분은 글을 쓰지 못할 겁니다. 어차피 배울 수 없으니 이런 책을 힘들게 읽을 필요도 없을 거고요. 그보다는 야구장이든 농구장이든, 아니면 교회든 절이든 성당이든, 화성이든 명왕성이든, 어딘가에 계실 그분을 만나러 당장 떠나야 하겠지요.

하지만 다행히 그럴 필요는 없습니다. 지금부터 이야기할 직장인의 글쓰기는 예술이나 문학이 아니거든요. 직장인의 글쓰기는 정보를 분석하고 분류하고, 목적에 맞춰 논리를 재배치하는 비즈니스 라이팅Business Writing입니다. 이건 꾸준히 노력하면 누구나 충분히 배우고 가르칠 수 있는 '삶의 여러 기술 중 하나'입니다.

특히 저와 같은 스피치라이터에게 '글쓰기'는 철저하게 하나의

'상품商品, product'입니다. 상품은 일정 수준 이상으로 제때 만들어내는 것이 중요하죠. 고객이 원하는 상품으로 공정을 바꿀 수 있어야 하고, 품질과 가성비로 고객을 만족시켜야 합니다. 상품을 제대로 만들지 못하거나 팔지 못하면 그 공장이나 가게는 유지될 수 없습니다. 스피치라이터가 글이란 상품을 제대로 만들지 못하면 새해 첫날은 악몽이 되고, 다 된 계약을 망치고, 직원들은 혼란스러워합니다.

우리나라 대표 글쓰기 멘토인 유시민 작가는 《유시민의 글쓰기 특강》에서 이렇게 말했습니다. "문학적 글쓰기에는 재능이 꼭 필요하다. 하지만 내 삶을 이야기하고, 지식을 알기 쉽게 정리하고, 누군가를 설득하는 글쓰기는 훈련하면 얼마든지 배울 수 있다." 참 다행입니다.

그렇다고 아무 노력 없이 누구나 글을 잘 쓸 수 있다는 뜻은 아닙니다. 자동차 운전처럼 계속하다 보면 조금씩 익숙해지고 나아지는 게 글쓰기입니다. 중학교 이상 수준의 모국어를 구사하고, 필요한 정보를 검색할 줄 알고, 사실과 의견을 구분할 수 있는 사람이라면 누구나 잘 쓸 수 있습니다. 이건 학교에서 거의 다 배운 것들입니다.

글쓰기를 제대로 배우면 없던 일머리가 생깁니다. 일을 한다는 것은 문제를 정의하고, 분석하고, 해결책을 제안하는 과정입니다. 그 모든 과정은 글쓰기와 정확하게 일치합니다. 직장인이 글을 잘 쓰면 이메일이 간결해지고, 보고서에 힘이 붙고, 건배사가 흥겨워집니다. 글머리가 곧 일머리입니다.

글쓰기를 제대로 배우면 그게 회사 밖에서도 통합니다. 계속 글을 쓰다 보면 직급, 소속, 연차에 의존하지 않고도 벌거벗은 나로 세상과 마주할 힘이 생깁니다. SNS에 글을 올려 사람들의 반응을 살피며 글을 고치면서 한 가지 주제로 몇 편을 이어 가다 보면 결국 사람들의 마음을 움직이는 '진짜 내 이야기' 하나를 갖게 됩니다. 콘텐츠 시대를 살아가려면 그런 무기 하나쯤은 있어야 하지 않을까요.

방법이 있습니다. 출퇴근길에 이 책을 읽으면서 가볍게 밑줄을 그어나가세요. 그러면 최소한 "그딴 걸 글이라고 썼냐?" 하는 소리는 듣지 않으실 겁니다. 그러다 글이 좋아졌다는 칭찬이라도 덜컥 들으면 쓰고 싶은 이야기가 막 생각날 테고요. 어느 순간 자기도 모르게 글 쓰는 시간이 점점 늘어나면서 글쓰기가 예전만큼 두렵지는 않게 될 겁니다. 제대로 배우기만 하면 우리 같은 직장인도 글을 잘 쓸 수 있습니다. 속는 셈 치고 이 책을 10분만 더 읽어보세요. 홍보인과 스피치라이터로 살며 17년 간 회사에서 글을 써 온 내공을 전수해 드리겠습니다.

직장인이 글을 못 쓰는 세 가지 이유

◇ 3無 현상 ◇

지각대장 후배가 하나 있었습니다. 왜 늦었느냐고 물어보면 신기하게도 매번 피치 못할 사정이 꼭 있습니다. 차가 엄청나게 막혔다거나 아침에 열이 40도까지 올라 병원에 다녀왔다고 합니다. 갑자기 집안에 큰일이 생겼다는 날도 자주 있습니다. 그 이유들을 순진하게 다 믿어주기는 어렵지만 딱히 확인할 방법도 없습니다.

'쓰고 싶지만 못 쓴다'는 직장인들에게도 이 '어쩔 수 없는 사정'이란 것이 있습니다. 몇 년 동안 그들의 사정을 들으면서 그 이유를 간단히 정리해 봤습니다. 직장인들이 글을 못 쓰는 세 가지 이유, 즉 '3무無 현상'입니다.

첫째, 시간이 없어서 못 쓴다고 합니다. 매일 오전 9시에 출근하려면 아침 7시에는 일어나고 밤 11시에는 자야 합니다. 오후 7시 넘어서 회사를 겨우 빠져나와 곧바로 집에 들어가도 저녁 먹고 씻고 정리하고 나면 9시입니다. 술이라도 한잔하면 10시가 훌쩍 넘겠죠. 뉴스 좀 보다가 페이스북에 댓글 달고, 넷플릭스와 유튜브 잠깐 보면 11시가 훌쩍 넘습니다. 대부분 상황이 이렇다 보니 시간이 없다는 하소연이 완전히 틀린 말은 아닙니다.

너무 바빠서 도저히 글을 쓸 시간을 만들기 어렵다면 글의 실마리가 되는 자투리 이야기들을 모으는 것부터 시작해 보세요. 짤막한 에피소드나 감정들을 단어 몇 개로 정리하거나 인터넷에서 관련된 소재를 수집하는 데는 20분 정도면 충분합니다. 출퇴근길에 웹툰을 보거나 뉴스를 볼 때 인상 깊은 구절을 발견하면 곧바로 적어두거나 캡처하는 작은 습관만 들이면 누구나 가능한 일입니다.

괜찮은 말이 번뜩 떠오르면 메모 앱이나 네이버 메모에 저장해 보세요. 물론 모으기만 한다면 데이터 낭비일 뿐 아무 소용이 없습니다. 주말에 시간을 내서 그렇게 모은 글들을 몇 줄의 문장으로 풀어 써 보세요. 그렇게 '단어'가 모이면 '문장'이 되고 '문단'이 되고, 어느새 한 편의 '글'이 됩니다.

저는 평일에 연차를 내는 과감한 방법도 가끔 씁니다. 연차를 내고 일부러 회사 근처 카페로 갑니다. 사무실이 올려다보이는 창가 쪽에 앉아 '오후 2시니까 졸다가 부장한테 욕먹기 딱 좋은 시간이네?' 이런 생각을 하면 눈이 번쩍 떠집니다. 지금 이 시간이 얼마나 귀한지 새삼 알게 됩니다. 효율이 쭉 올라갑니다. 여름과 가을에는 과감하게 3박 4일 글쓰기 휴가를 떠나보는 것도 좋은 방법입니다.

'주말에도 항상 출근해야 한다' '3개월 동안 단 하루도 연차를 내 본 적이 없다' '최근 3년간 휴가 때 제대로 쉬어 본 적이 없다' 이런 심각한 상황만 아니라면 대부분의 직장인들에게 '글을 쓸 시간'은 여기저기 숨어 있게 마련입니다. 시간이 '정말' 없는 게 아니라 '애써' 찾아보지 않았던 거죠. 글쓰기를 미룰 핑계가 필요했거나 다른 일을 하는 게 더 좋았던 겁니다.

둘째, 쓸 '내용'이 없어서 못 쓴다고도 합니다. '지금까지 회사 다니는 것 말고 다른 일을 해본 적이 없다' '회사 일 말고는 할 줄 아는 게 없다'고 합니다. 대부분의 직장인들이 이렇습니다. 글을 쓰려면 이런 생각부터 뒤집어야 합니다. "회사를 10년이나 다녔으니, 나에게는 그만큼 쓸 이야기가 무궁무진하다"라고 말이에요. 회사는 다 비슷비슷하면서도 다르고, 다르면서도 비슷한 이야기 창고입니다. 조금만 둘러보면 인간 군상群像이 여기 다 모여 있습니다.

지긋지긋하고 익숙한 눈앞의 업무와 짜증나는 상황들이 다른 누군가에게는 새롭고 궁금한 이야기일 수 있습니다. '이미 누군가 한 이야기잖아'라면서 너무 빨리 포기하지 말고 일단 한 번 써보세요. 이 세상에 완전히 새로운 이야기는 하나도 없습니다. 재미있는 이야기는 익숙한 것을 새롭게 바라보는 심오한 발상과 발칙한 시도에서 나옵니다.

한 회사에 오래 근무했든, 회사를 여러 번 옮겼든, 직장인으로 10년 넘게 어떤 일이든 해오셨다면 성과와 관계없이 그 분야를 자신만의 시각에서 이야기할 자격을 갖고 계신 겁니다. 이처럼 직장인들에게는 누구나 자신만의 역사와 미래가 있습니다. 그것을 멋지게 보이려 꾸며내지 말고, 솔직하게 쓰면 분명 좋은 글이 나옵니다.

내 이야기가 괜찮은 소재素材인지 마지막까지 확신이 서지 않을 수도 있습니다. 이건 글을 쓰는 모든 사람들의 공통된 고민입니다. 영화 〈미드나잇 인 파리〉에도 비슷한 장면이 나옵니다.

주인공 시나리오 작가 길 펜더(오웬 윌슨)는 파리 시내를 걷다가 우연히 시간을 거슬러 과거로 가게 됩니다. 거기서 그는 시대의 거장巨匠들을 만나 술을 한잔합니다. 헤밍웨이를 만난 길 펜더는 용기를 내서 자신이 쓴 원고를 보여주며 묻습니다. "너무 유치하죠?" 헤밍웨이가 대답합니다. "영 아닌 소재는 없소. 내용만 진실되다면!"

직장인의 삶을 글로 쓸 때 가장 중요한 것은 '진정성authenticity'입니다. 재능, 트렌드, 마케팅, 이런 것들은 다 그다음 문제입니다.

'이런 내용을 글로 써도 될까?'라는 당신의 고민은 지극히 당연합니다. 하지만 멋진 이야기나 자랑스러운 성과만 쓰려고 하면 첫발을 뗄 수 없습니다. 부끄러운 일, 실패, 좌절, 불쌍한 피투성이의 내 모습을 있는 그대로 써보세요. 그런 것들을 쓰다 보면 반짝이는 내 생각과 이야기가 어떻게든 만들어집니다. 이야깃거리가 부족하면 지난 경험을 그러모으고, 책을 읽거나 자료를 검색하고, 남들이 써놓은 글도 참고해서 빈칸을 마저 채우면 됩니다.

셋째, 직장인이 글을 쓰지 못하는 가장 큰 이유는 '겸손함'이 없기 때문입니다. 사람들은 의외로 자신이 글을 못 쓴다는 사실을 인정하지 않습니다. 아는 척부터 하려 드니 글에 힘이 잔뜩 들어갑니다. 누가 시키거나 평가하는 것도 아닌데, 스스로 잘 써야 한다는 강박관념에 사로잡힙니다. 급기야 성과를 내지 못할 바에는 아예 시작을 하지 않는 게 낫다는 이상한 자기합리화를 합니다.

처음 글을 쓸 때는 '겸손'해야 합니다. '못 써도 괜찮다'고 생각하세요. 어느 정도까지는 질 보다 양 이 훨씬 더 중요합니다. 잽을 여러 번 날리다 보면 어퍼컷도 나오니 미리 걱정하지 마세요. 목표를 너무 높게 잡으면 시작하기가 어렵습니다. 굉장한 이야기를 만들어 내려고 너무 애쓰지 않아도 괜찮습니다.

이야기 소재를 모으기 위해 자료를 많이 찾는 것은 좋지만 자칫 '검색만 하다' 아까운 시간을 보낼 수 있다는 것도 명심해야 합니다. 정말 중요한 것은 '내 경험'이고 '내 생각'입니다. 검색하면 나오는 정보를 시간 내서 읽는 사람은 거의 없습니다. 사람들은 똑같은 이야기를 궁금해하지 않습니다. '내 생각과 경험이 들어 있느냐 없느냐' 하는 그 작은 차이가 밋밋했던 글을 갓 잡은 생선처럼 파닥거리게 합니다.

반대로 '겸손'이 지나치게 많은 것도 좋지 않습니다. '나중에 써야지' 하며 계속 미루지 마세요. 정말 슬픈 것은, 계속 이러다간 내공이 다 쌓이기는커녕 '정말로 쓸 수 없는 시간'과 갑자기 마주하게 된다는 점입니다. 돈을 많이 벌고 사회적 성공을 거둔 다음에 쓰자고 마음먹지만, 그때가 언제 올지는 아무도 모릅니다. 어쩌면 그 시간이 너무 늦게 와서 펜을 들 힘이 남아 있지 않을지도 모릅니다. 할 수 있을 때, 지금 뭐라도 써야 합니다.

'3무無'라고 제 맘대로 이름 붙인 핑계와 변명들이 모두 엄살은 아닐 겁니다. 직장인들은 회사를 다니는 것만으로도 '정말' 바쁘고, 쓸 내용을 찾기가 '너무' 어렵고, '막대한' 부담에 짓눌려 있습니다. 어찌 보면 글을 쓰지 않는 게 더 당연하고 자연스럽게 느껴집니다.

그럼에도 분명한 것은 뭔가 이루려면 거기에 시간과 에너지를 쏟아부어야 한다는 점입니다. 세상은 등가교환等價交換입니다. 실패하든 성공하든 일단 오늘 투자를 해야 내일 무언가를 기대할 수 있습니다. 글쓰기도 마찬가지입니다. 수많은 변명과 이유들을 자꾸 허용하고 계속 미루다 보면 평생 시작할 수 없습니다.

'3무無'는 사람들의 두려움을 먹고사는 귀신 '어둑시니' 같은 겁니다. 우리가 겁을 먹을수록 어둑시니는 점점 더 커집니다. 이

귀신에게 한 번 붙잡히면 사소한 걱정과 작은 어려움이 한순간에 거대한 공포로 자라납니다. 무섭더라도 그 눈을 똑바로 바라보고 노트북을 켜세요. 마음먹었던 오늘의 분량을 마저 쓰세요. 어둑 시니는 일주일 안에 사라집니다.

글쓰기가 밥 먹여준다

◇ Writing-Devide ◇

'잉글리시 디바이드English -Divide'라는 말 들어보셨나요? 미국의 경제 잡지 〈비즈니스 위크〉가 2001년 8월호에 처음 소개한 개념인데, 번역하자면 '영어 격차'라는 뜻입니다. 영어 실력의 수준 차이가 곧 사회적 지위나 경제적 빈부를 결정하는 핵심요소라는 의미로 이 개념을 사용했습니다.

실제로 스위스에서는 영어를 유창하게 하는 사람과 못하는 사람의 연봉 차이가 약 30%에 이른다고 합니다. 인도에서는 영어를 구사하는 1억 명과 그렇지 못한 10억 명의 생활수준 격차가 더욱 극명합니다. 달리 말하면 영어가 핵심 경쟁력이라는 뜻입니다.

디지털 디바이드Digital-Divide, 디지털 격차와 아카데믹 디바이드 Academic-Divide, 학벌 격차라는 말도 있습니다. 디지털과 학벌이 사회 계층을 가른다는 뜻입니다. 여기에 빗대어 앞으로는 '라이팅 디 바이드Writing-Divide, 쓰기 격차'라는 말이 새롭게 떠오를 것 같습니다. '초 超, Hyper 검색의 시대'가 올수록 내 글을 쓸 수 있는 것이 굉장 히 중요한 능력 중 하나가 됩니다.

글쓰기는 더 이상 낭만이 아닙니다. 먹고사는 문제입니다. 성 적이 좋은데도 자기소개서를 엉망으로 써서 서류 전형에 자꾸 떨 어지는 경우를 주변에서 흔히 볼 수 있습니다. 스타트업 대표가 투자제안서를 제대로 쓰지 못해 자금 조달에 실패하는 경우도 많 이 봤습니다. 보고서를 제대로 쓰지 못하면 승진은커녕 퇴근도 제때 할 수 없습니다.

이제 직장인은 글쓰기를 피할 수 없습니다. 학교에서 배운 지 식과 현장에서 쌓은 경험만으로도 충분히 성공할 수 있었던 좋은 시절은 끝났습니다. 구글신神께서 굽어 살피시는 지금의 '인공지 능' 시대에는 지식을 외우고 저장하는 '입력input'보다 생각을 표 현하고 경험을 소통하는 '출력output'이 몇 배는 더 중요합니다.

출력 방법은 사람마다 다릅니다. 음악, 사진, 춤, 그림 등 여러 가지가 있습니다. 제가 생각하는 그중의 으뜸은 단연 '글쓰기'입

니다. 글쓰기는 '내가 누구인지'를 남기고 '나를 성장'시키는 가장 오래되고 가장 확실한 방법입니다. 아무리 동영상이 주목을 받아도 그 기본이 글쓰기라는 건 변하지 않습니다.

글쓰기는 점점 세분화되고 있습니다. 〈마케터의 글쓰기〉〈기획자의 글쓰기〉〈영업인의 글쓰기〉라고 이름 붙인 강좌에 사람들이 몰려듭니다. 기업도 글쓰기에 주목합니다. SK텔레콤은 직원들의 글쓰기 역량 강화를 위해 《사람 잡는 글쓰기》라는 책을 펴냈습니다. 고객 유형과 상황에 맞는 글을 경쟁사보다 잘 써야 시장경쟁력을 유지하고 강화할 수 있다고 생각했기 때문입니다.

이 책은 30분이면 훑어볼 수 있을 정도로 간단하게 구성되어 있습니다. 통신회사가 고객에게 보내는 100자 이내의 짧은 안내 문구나 제품 소개를 어떻게 쓰면 좋을지 재밌게 알려줍니다. 단어 하나와 마침표 하나가 주는 뉘앙스에 따라 조회 수가 얼마나 달라지는지를 추적 조사한 구체적 수치까지 제시하고 있어 꽤 흥미롭습니다.

미래를 준비하는 글로벌 기업은 이미 오래전부터 글쓰기의 가능성에 주목해 왔습니다. 아마존Amazon에서는 사업 아이디어를 제출하려면 도표와 그림 위주의 파워포인트가 아니라 육하원칙이 분명한 문장과 정확한 단어로 써내야 합니다. 글쓰기는 사고를 명료하게 다듬는 일이고, 세상을 논리로 쪼개고 이어붙이는 작업입니다. 아마존의 구성원들은 '한 편의 글로 쓸 수 있는 생각만 검토한다'는 원칙을 다함께 지키고 있습니다.

최근에는 페이스북도 에세이 보고방식을 도입했습니다. 국내에서는 현대카드, 두산그룹, KB국민은행이 동참하고 있습니다. 오마하의 현자賢者이자 투자의 귀재鬼才로 불리는 워런 버핏은 "MBA 과정에서 꼭 배워야 할 능력 중 한 가지를 꼽는다면, 그것은 바로 글쓰기다"라고 말했습니다. 글쓰기가 미래의 경쟁력을 좌우한다는 의미겠지요.

경영뿐만 아니라, 숫자와 기호로 가득한 엔지니어링 분야에서도 글쓰기는 꽤 중요합니다. 세탁기나 카메라가 어떻게 작동하는

지, 신제품과 새로 나온 서비스의 장점은 무엇인지, 환자를 위한 수술과 치료가 어떻게 진행되는지 등을 쉽게 알려주는 '테크니컬 라이팅_{Technical Writing}'이 바로 그것입니다.

'테크니컬 라이팅'은 너무 어렵거나 지나치게 생략이 많은 글, 생산자 입장에서 쓴 불친절한 소개글을 '고객의 언어'로 바꾸는 일입니다. 일종의 통역이라고 할 수 있습니다. 이 분야의 전문가로 알려진 영남대학교 임재춘 교수는《한국의 이공계는 글쓰기가 두렵다》에서 '과학자도 글을 잘 써야 한다'고 강조합니다.

'실험실에서 연구만 잘하면 되지 글쓰기가 왜 필요해?'라는 의문이 들 수도 있습니다. 하지만 '무엇을 왜 연구하는 것인지'를 상대방에게 쉽게 설명하지 못하면 아무리 좋은 아이디어도 선택을 받지 못합니다. 전문가로 인정받고 싶다면 비전문가도 이해시킬 수 있어야 합니다. 혼자 많이 아는 것보다 많은 사람들에게 아이디어를 알리는 게 더 중요합니다.

이렇게까지 말씀드렸으니 '아, 이제는 무슨 일을 하더라도 글쓰기를 피할 수 없겠구나'라는 사실을 깨달으셨을 겁니다. 고객들은 조금이라도 더 이해하기 쉬운 글에 반응하고, 잘나가는 기업은 직원들에게 글쓰기 교육을 합니다.

여러 번 말씀드리지만, 직장인이 글쓰기를 잘하면 좋고 아니면 그만인 시대는 이제 곧 끝납니다. 시대의 흐름을 정확히 읽고 앞으로 조금이라도 더 나아가려면 글쓰기를 하루빨리 시작해야 합니다. '글쓰기의 시대'가 코앞에 다가올 날이 얼마 남지 않았습니다. 우리는 '쓰는 쪽'에 서 있어야 합니다. 앞으로는 글쓰기가 밥 먹여 줍니다.

지겨울수록 더 써라
◇ 영화에서 배우는 글쓰기 ◇

종로에서 이발소를 운영하셨던 아버지는 거의 30년 동안 새벽 첫차를 탔습니다. 그게 얼마나 힘든 일인지 그땐 잘 몰랐습니다. 똑같은 장소로 가서 셔터를 올리고, 바닥을 쓸고, 면도 크림을 풀고, 거울을 닦고, 면도기와 가위의 날을 깨끗하게 다듬습니다. '비싼 염색 손님이 좀 많으면 좋겠다'는 소박한 기대를 가져보지만 그렇게 '운수 좋은 날'은 별로 없었다고 합니다.

월급쟁이인 저 역시 아버지와 비슷한 삶을 살고 있습니다. 매일 같은 시간에 컴퓨터를 켜고, 거기서 거기인 이메일에 답장을 합니다. 자본주의 미소로 아침 인사를 하고, 회의懷疑감만 드는 회의會議를 서너 개 하고, 정답이 없는 ㅂㄱ서를 두어 개 씁니다. 사내 식당에서 점심을 먹고, 가족보다 자주 보는 얼굴들과 퇴근 후 술잔까지 기울이면서 서로의 소속감과 충성심을 굳이 또 확인합니다. 정말 지치죠. 아버지가 왜 그렇게 힘들어하셨는지 지금은 잘 알고 있습니다.

로또 1등에 당첨되지 않는 한 모든 직장인의 삶은 다 이렇습니다. 비슷하게 지겹고, 지겹도록 비슷하죠. 그날이 그날 같은 하루하루를 시작한 게 언제부터였는지 기억도 잘 안 납니다. 이 지루하고 무기력한 일상을 글쓰기의 소재로 삼을 수 있다면 얼마나 좋을까요. 하루하루를 대하는 마음과 자세가 지금과는 크게 달라질 것 같습니다. 그 실마리가 담긴 영화 두 편을 소개하고자 합니다.

첫 번째는 〈월터의 상상은 현실이 된다 The Secret Life of Walter Mitty〉입니다. 주인공 월터(벤 스틸러)는 노총각 샌님입니다. 짝사랑하는 여직원에게 말 한마디 못 걸고, 20여 년간 마감시간에 맞춰 사진을 현상하느라 좁은 암실에서 한 걸음도 못 벗어납니다. 꼰대 상사가 얄밉게 굴어도 대들 생각 따위는 한 번도 못합니다. 잔뜩 주눅이 든 채로 〈라이프LIFE〉 잡지에 실릴 사진을 고르고 또 고를 뿐입니다.

월터는 '회사가 곧 나 자신'이라는 직장인의 숙명을 일찌감치 받아들였습니다. 유일한 취미는 '멍 때리기'입니다. 화장실에서, 엘리베이터에서, 식당에서 공상空想에 빠지곤 합니다. '내가 만약 그때 꿈을 찾아 떠났더라면' '내가 만약 해외여행을 간다면' '내가 만약 그녀에게 고백을 한다면'이라는 혼잣말을 쉴 새 없이 중얼거립니다. 하루의 절반을 이렇게 다 보냅니다.

아마 잡지가 폐간되면서 마지막 표지를 장식할 25번 필름이 사라지지 않았다면 그 영양가 없는 상상을 죽을 때까지 계속했을 겁니다. 구조조정에서 살아남기 위해 월터는 그린란드 어딘가 있을 사진작가 숀을 찾아 떠밀리듯 여행길에 나섭니다. 숀은 월터와는 달리, 자유와 대자연을 매일 만지며 살아가는 인물입니다. 하고 싶은 일은 꼭 하고야 마는 사람이죠.

월터는 억지로 떠난 여행에서 내면의 목소리와 만납니다. 바다 한복판으로 뛰어들고, 상어를 아슬아슬 피하고, 폭발 직전의 화산과 마주하면서 계속 앞으로 나아갑니다. 스케이트보드를 타며 어릴 적 맛보았던 자유를 다시 느끼고, 눈 덮인 하얀 산에 올라 '유령'이라 불리는 눈표범과도 만납니다. 자포자기하는 심정으로 무작정 나선 단 한 번의 여행에서, 상상이 현실이 되는 생애 최고의 순간과 마주한 겁니다.

두 번째 영화는 〈패터슨 Paterson〉입니다. 미국 뉴저지의 소도시 '패터슨 시市'에 사는 '패터슨 씨'의 이야기입니다. '강남' 사는 '강남 씨', '이태원' 사는 '이태원 씨' 같은 거죠. 이름부터 무성의한 패터슨(아담 드라이버)은 루틴routine이 뭔지 알려주는 끝판왕입니다.

그는 아침 6시 15분에 정확히 일어납니다. 시리얼에 우유를 정량으로 말아먹고, 늘 가던 길을 매일 10분씩 걸어 출근하고, 마을버스를 운전해 동네를 뱅뱅 돌고, 아내가 챙겨준 도시락을 정해진 시간에 혼자 먹습니다. 퇴근 후에는 반려견 마빈과 똑같은 길로 산책하고, 항상 그 자리에 있는 펍pub에 들러 어제 마셨던 그 맥주를 딱 한 잔 마십니다. 아무런 기승전결 없는 이 지겨운 일상이 일주일 내내 계속됩니다.

그가 하루를 시작하기 전에 빼먹지 않는 게 꼭 하나 있습니다. 비밀노트에 짧은 시를 쓰는 일입니다. 별 내용은 없습니다. 아내와의 짧은 입맞춤, 성냥갑, 빗방울, 쿠키, 우체통과 같은 잡다한 일상을 적습니다. 지루할 만큼 평범하고 단순합니다. 할리우드 영화에 익숙하시다면 이 영화를 보는 것이 고문일 수 있습니다.

118분의 러닝타임 속에서 사건이라고 부를 만한 장면은 딱 하나 있습니다. 반려견이 비밀노트를 갈기갈기 찢어버린 겁니다. 그는 상실감을 달래기 위해 폭포를 하염없이 바라보던 중 우연히 그곳을 지나가던 일본인 관광객을 만나 짧은 대화를 나눕니다.

관광객이 패터슨에게 조심스레 묻습니다. "혹시 시인詩人이세요?" "아뇨, 버스 기사입니다" "시인 윌리엄 카를로스 윌리엄스를 좋아하는 버스 기사라니, 참 시적詩的이네요" 그는 패터슨에게 작은 노트 한 권을 선물합니다. "때론 텅 빈 페이지가 가장 많은 가능성을 담고 있죠"라는 말도 합니다. 그때 패터슨의 얼굴에 묘한 미소가 번집니다. 아마도 패터슨은 그 노트에 아름다운 시를 계속 써 내려갈 겁니다.

영화 속 두 남자의 모습은 우리 직장인과 묘하게 닮아 있습니다. 현실에 짓눌려 어제와 똑같은 오늘을 꾸역꾸역 삽니다. 밥벌이가 지겹고, 괴롭고, 무섭습니다. 매일매일 다르지 않은 일상이 반복됩니다. 그 와중에 월터가 우리와 다른 점이 딱 하나 있다면 '평소라면 절대 하지 않았을 일'을 하기 시작했다는 겁니다. 월터는 '~했더라면'을 인생에서 싹 지우고, 그 자리에 '일단 해보자!'라고 쓰기 시작했습니다.

글쓰기도 그렇습니다. '원래는 하지 않았을 일'을 그냥 해보는 용기에서 시작됩니다. '내 이야기를 그때 기록했더라면' '매일 세 줄씩 글을 썼더라면' '10년 전에 블로그를 시작했더라면' '브런치 공모전에 참가했더라면' '주말에 조금만 시간을 더 냈더라면' 하는 아쉬움을 남겨서는 안 됩니다. 좀 더 용기를 내어 새로운 환경

속에 자신을 과감하게 내던져야 합니다.

두 번째 영화의 주인공인 패터슨은 일상을 치열하게 관찰하는 데 익숙합니다. 글을 쓰려면 패터슨처럼 관찰자의 눈으로 모든 것을 낯설게 보고 기록해야 합니다. 겉모습이 똑같은 일란성 쌍둥이라고 해도 같은 사람이 아니듯, 어제와 오늘이 비슷해 보여도 365일 같은 날은 단 하루도 없습니다. 글을 쓰려면 아주 조금씩 바뀌는 삶의 풍경을 예민하게 알아채는 감수성 훈련이 필요합니다.

우리가 살고 있는 거의 대부분의 삶은 보잘것없는 작은 것들로 가득 채워져 있습니다. 이건 누구에게나 마찬가지죠. 이 지루한 일상에 균열을 만들어 내려면 조금씩 글을 쓰면서 나만의 의미와 재미를 스스로 찾고 만들어 내야 합니다. 이대로 회사에서 일만 하다 삶이 끝나버리는 건 너무 슬픈 일입니다.

14년 동안 보험국 관리로 일한 프란츠 카프카Franz Kafka는 그 거대한 조직 안에서 점점 희미해져 가는 자신의 모습을 소설《변신》에 녹여냈습니다. 불우한 아동 노동자였던 찰스 디킨스Charles Dickens는《올리버 트위스트》에서 19세기 영국 런던 뒷골목의 참혹한 노동현실을 신랄하게 비판했습니다.

시인 이상李箱은 소설《권태》에서 '지겹다'는 비명을 꽥꽥 질렀고, 그것이 명작이 됐습니다. 주물공장 노동자였던 김동식은 '오늘의 유머'에 틈틈이 써온 글을 모아 《회색인간》으로 데뷔했습니다. 믿기 어렵겠지만, 어떤 삶을 살고 있든 우리 안에도 특별한 이야기가 하나씩은 들어 있습니다. 10주만 꾸준히 쓰면 '직장인의 삶'에도 의미라는 것이 담깁니다. 장담하건대 글을 10개월만 꾸준히 쓰면 이전까지 지루했던 삶이 전혀 다른 옷을 입고 우리 앞에 다시 찾아오는 특별한 경험을 할 수 있습니다.

'안 하던 짓을 월터처럼 확 저질러본다' '패터슨처럼 일상을 관찰하고 꾸준히 기록한다' 이 두 가지만 기억하고 삶에서 실천해보세요. 평범한 일상을 특별한 글로 바꿀 수 있습니다.

<살인의 추억> 미치도록 잡고 싶었다
◇ 형사와 작가의 세 가지 공통점 ◇

2019년 9월 18일, 경찰은 아무도 예상하지 못한 발표를 했습니다. 영원한 미제 사건으로 남을 것 같았던 화성 연쇄살인사건의 유력한 용의자를 33년 만에 특정한 겁니다. 수사 기술이 발달하면서 예전에는 불가능했던 DNA 소량 분석이 가능해진 덕분입니다. 오랫동안 확보하고 있던 증거들을 재감정하던 중에 유전자가 일치하는 사람을 부산교도소에서 찾아냈습니다.

1급 모범수였던 용의자는 처음엔 범죄 사실을 강하게 부인했다고 합니다. 빠져나갈 수 없는 과학적 증거들을 제시하고, 경찰이 여러 증언과 사실관계를 거듭 재확인하자 용의자는 결국 체념

하듯 자백했습니다. 2006년, 마지막 10차 사건의 공소시효가 만료되면서 영원히 묻힐 뻔했던 장기 미제 사건의 범인을 극적으로 잡은 겁니다. 전율이 느껴졌습니다.

영화 〈살인의 추억〉의 봉준호 감독은 "끝없이 노력한 경찰의 집념과 수고에 큰 박수를 보낸다"고 말했습니다. 사건 당시 담당 수사관이었던 하승균 전前 총경은 한 인터뷰에서 "미치도록 잡고 싶었다"며 눈물을 흘리기도 했죠.

글을 쓰는 건 '범인을 잡는 것'과 닮은 구석이 꽤 많습니다. 둘 다 외로운 일이라는 점입니다. 그 많은 증거들을 오랜 세월 혼자 껴안고 사는 건 고독한 일입니다. 글을 쓰는 것도 마찬가지죠. 주변의 모든 이야기를 혼자 되새겨야 하고, 아무도 몰라주는 문장을 밤새 붙들고 있어야 하니까요. 거기서 거기인 단어를 수십 번 오물조물 매만집니다. 누군지도 모르는 범인을 잡기 위해 밤을 새우는 게 외로운 것처럼, 이 글을 완성할 수 있을지 없을지도 모른 채 계속 써 나가는 것도 쉬운 일이 아닙니다.

《태백산맥》과 《한강》을 쓴 조정래 작가는 "사랑하는 아내가 원고지 한 장 넘겨줄 수 없고, 마침표 하나도 찍어줄 수 없는 게 바로 글쓰기다"라고 말했습니다. 그는 작품에 한 번 몰입하면 몇 년이고 세상과 단절한 채 철저하게 '혼자' 글을 쓰는 것으로 유명합니다. "외로움은 작가의 천직"이라고두 말했습니다.

글을 쓰려면 고독과 친해져야 합니다. 습관적인 술자리를 어떻게든 피해야 하고, 인간관계를 계속 추려야 합니다. 취미생활도 미뤄야 합니다. 사랑하는 가족, 친구와 어울리는 시간도 줄여야 합니다. 귀를 자른 반 고흐의 마음으로 원고지를 노려보며, 아무도 강요하지 않는 싸움을 끝까지 혼자 해내야 합니다.

형사와 작가의 두 번째 공통점은 '위험하다'는 겁니다. 속내를 사람들에게 보여주는 것은 누구에게나 부담스러운 일입니다. 때로는 두렵기도 합니다. '상사가 야단치지 않을까?' '아내에게 혼나지 않을까?' '친구들이 비웃지 않을까?' 이런 걱정에 얽매여 시작조차 하지 못합니다. 심지어는 '인사상 불이익은 없을까?' '부장이 싫어하지 않을까?' '다들 내 욕을 하는 건 아닐까?' 별별 생각이 듭니다.

사실 이게 괜한 걱정은 아닙니다. 대놓고 말하지는 않지만 실제로 우리나라 대부분의 회사는 글 쓰는 직원을 별로 좋아하지 않습니다. 겉으로는 업무 집중도가 떨어지기 때문이라고 하지만 사실은 직원들이 회사의 통제력을 벗어나게 될까 봐 미리 단속하는 겁니다. 직장인이 글을 쓰는 것은 독립운동만큼 어렵습니다.

범인을 잡는 것과 글 쓰는 것의 세 번째 공통점은 '간절해야 한다'는 점입니다. '잡으면 좋고 아니면 말고'라거나 '내가 범인을 잡을 수 있을까?'와 같이 확신을 갖지 못하면 범인이 눈앞에 있어도 놓치게 마련입니다. '반드시 쓰고야 말겠다'는 집념과 '꼭 쓰고 싶다'는 간절함이 없으면 이야깃거리가 있어도 쓰지 못합니다.

미국 문학계의 이단아로 불리는 찰스 부코스키Charles Bukowski는 "이 세상의 거의 모든 문제는 기상천외한 의심 때문이다"라고 말했습니다. 사람들이 너무 똑똑해서 '하면 안 되는 이유' '할 수 없는 이유' '안 해도 되는 이유'를 계속 발견해 낸다는 뜻입니다. 직장인의 글쓰기에도 그런 이유가 주렁주렁 달려 있습니다.

그 수많은 이유들에 일일이 반응할 필요는 없습니다. 우리에겐 '꼭 써야 하는 이유' 딱 하나만 있으면 됩니다. 동료들의 질투, 조롱, 폄하, 때로는 합리적으로 보이는 명분이나 달콤쌉싸름한 체념까지…. 쓰지 못하도록 우리를 내리누르는 '중력의 무게'를 과감히 거부해야 합니다.

도무지 용기가 나지 않는다면 뮤지컬 〈위키드Wicked〉를 한 번 보세요. "이젠 중력에 맞설 시간이야It's time to try defying gravity"라는 주문을 저와 함께 외워보면 힘이 좀 나실 겁니다.

Part 2

내 생각을 제대로 전달하는 글쓰기

Writer's Pick

작가가 되고 싶었다. 왜인지는 잘 설명할 수 없었다. 뭔가를 쓰려고 하는 사람은 '지독한 짠순이'인 거라는 이야기를 들은 적이 있다. 어떤 장면이 너무 아까워서, 어떻게든 가지거나 복원하려고 애쓰는 짠순이라고.

《나는 울 때마다 엄마 얼굴이 된다》 이슬아

첫 문장에 목숨 걸지 마라
◇ 자유연상 ◇

"연설에서는 늘 첫마디가 제일 어렵다고들 합니다. 자, 이미 첫마디는
이렇게 지나갔군요."

1996년 노벨문학상 수상자인 폴란드 시인 비스와바 쉼보르스
카 Wislawa Szymborska의 수상 소감입니다. 겸손하고 위트 있는, 그러
면서도 발랄하고 섬세한 그의 품성이 오롯이 느껴집니다.

개인적으로 문장이 잘 안 써질 때는 다른 사람들의 글을 검색
해 보곤 합니다. 쉼보르스카의 이 독특한 연설문을 보면서 비즈
니스 스피치Business Speech의 첫 문장들은 어떠했는지 문득 궁금해

졌습니다. 오래된 자료를 훑어보니 예전에는 "안녕하십니까? ○○○입니다"라는 자기소개가 대부분이었는데, 요즘은 이런 것들이 사족蛇足이라고 해서 점점 사라지고 있더군요. 그도 그럴 것이 행사에 오는 사람들은 연설자가 누구인지 정도는 잘 알고 있으니까요.

회사에서는 대부분 "사랑하는 ○○○ 가족 여러분!" 또는 "반갑습니다" "축하합니다" "환영합니다" 정도로 심플하게 말문을 엽니다. 자극적인 말을 쏟아내는 정치인들에 비하면 꽤 담백하고 순진한 편입니다. 아무래도 기업에서는 청중을 한순간에 잡아끌어야 하는 부담이 상대적으로 적기 때문입니다. 직장인들은 사장님이 말씀하실 때면 다 알아서 집중합니다.

첫마디가 어려운 것은 연설뿐만이 아닙니다. 모든 글 역시 첫 문장을 쓰는 게 가장 어렵고 중요합니다. 신문 기사에서는 헤드라인이 뉴스 가치를 결정하는 셀링 포인트selling point이고, 소설에서는 첫 문장이 독자를 작품 세계로 이끄는 문門입니다. 심지어 '첫 문장만 따로 모아 놓은 책'이 스테디셀러가 될 정도입니다.

글을 조금이라도 써본 분들은 "첫 문장만 잘 쓰면 글쓰기가 다 끝난 것이다"라는 말을 한 번쯤 들어보았을 겁니다. 상투적인 표현일 뿐이라고 생각할 수 있겠지만 일본의 대표 소설가 히가시노 게이고의 말을 들어보면 과장되거나 그냥 하는 소리가 아닐 수도 있겠단 생각이 듭니다.

트위터에서 누군가 이렇게 물었다고 합니다. "쓰신 글이 다 재밌습니다. 도대체 그런 이야기들은 어떻게 쓰시나요?" 히가시노 게이고가 댓글을 달았습니다. "첫 문장을 씁니다. 그러면 그다음 문장이 생각납니다. 그다음 문장이 또 생각납니다. 그걸 반복하다 보면 어느새 글이 완성되어 있어 저도 깜짝 놀랍니다." 영화로도 나온 초대형 베스트셀러《용의자 X의 헌신》이나《나미야 잡화점의 기적》도 이렇게 썼나 봅니다. 후덜덜하죠.

이 말을 곧이곧대로 들을 필요는 없습니다. '피식' 웃어 넘기면 됩니다. 이미 앞에서도 말했지만 우리는 신神의 영역을 넘보려는 게 아닙니다. 직장인들은 '글이라는 상품'의 질을 일정 수준 잘 관리해 '회사라는 시장'에 팔면 됩니다.

우리는 예술가와 경쟁할 수 없고, 그럴 필요도 없습니다. 직장인의 글쓰기는 사실과 논리로 싸우는 '우리만의 진검승부'입니다. 프로젝트 관련 정보들을 수집하고 분류해 회사 입장과 상사 입맛에 맞춰 구조대로 배열하면 됩니다. 물론 이것도 그리 쉬운 일은 아니지만요.

자, 여길 보세요. 아시아인 최초이자 최연소로 세계 3대 문학상 중 하나인 맨부커 상을 받은 한강 작가의 소설 《흰White Book》의 첫 문장은 우리가 고민하는 첫 문장 쓰기에 대해 매우 유용한 힌트를 줍니다. 소설은 '흰 것'에 대한 '자유연상'을 펼치며 이렇게 시작됩니다.

'흰 것'에 대해 쓰겠다고 결심한 봄에 내가 처음 한 일은 '목록'을 만드는 것이었다. 강보, 배내옷, 소금, 눈, 얼음, 달, 쌀, 파도, 백목련, 흰 새, 하얗게 웃다, 백지, 흰 개, 백발, 수의 ….

머릿속에 이야기가 가득한데 어떻게 시작해야 할지 모르겠다면 이렇게 그저 생각나는 것들을 편안하게 하나씩 적어보는 것도 좋은 방법입니다. 첫 문장을 쓰는 방법을 유형별로 정리해 보면 생각보다 몇 개 안 됩니다. 이 책에서 쓴 것 중 몇 개를 표로 정리하면 이렇습니다.

인용	"연설에서는 늘 첫마디가 제일 어렵다고들 합니다. 자, 이미 첫마디는 이렇게 지나갔군요." 폴란드 시인 비스와바 쉼보르스카의 수상 소감입니다. (Part 2-1)
요약	2019년 9월 18일, 경찰은 아무도 예상하지 못한 발표를 했습니다. 영원한 미제 사건으로 남을 것 같았던 화성 연쇄살인사건의 유력한 용의자를 33년 만에 특정한 겁니다. (Part 1-5)

질문	'잉글리시 디바이드(English-Divide)'라는 말 들어보셨나요? (Part 1-3)
명제	제때 글을 쓰지 못하는 것은 끔찍한 공포입니다. (Part 4-2)

다른 사람의 근사한 첫 문장에 괜히 주눅들지 마세요. 내 첫 문장이 조금 부족해 보여도 그대로 내버려 둡시다. 얼마든지 다시 쓰면 되니까요.

첫 문장에 발목 잡힌 분들이 계시다면 소설가 김영하가 《말하다》에 남긴 조언이 큰 도움이 될 것 같습니다.

"그게 무엇이든 일단 첫 문장을 적으십시오. 어쩌면 그게 모든 것을 바꿔놓을지도 모릅니다."

자, 이제부터 첫 문장은 제발 좀 대충 씁시다. 누가 알아요, 두 번째 문장부터 굉장한 게 나올지. 세 번째 문장이 덜컥 또 나올지. 그러다 어느 날 글을 완성하게 될지.

박찬호에게 글쓰기를 알려준다면
◇ 짧고, 쉽고, 정확하게 ◇

유명인들 앞에는 으레 짧은 수식어가 붙습니다. '피겨 여왕' 김연아, '뼈그맨' 장동민, '마요미' 마동석, '테리우스' 안정환, 심지어 유병재는 누런 이를 내세워 '황금 이빨'을 자신의 캐릭터로 만들었습니다. 별명은 그들의 존재감을 세상에 드러내는 수단이자 자신만의 생존법이기도 합니다.

1993년 LA 다저스에 입단하며 한국인 최초로 메이저리거가 된 박찬호 선수의 별명은 '코리안 특급'입니다. 그의 전성기는 정말 화려했습니다. 30인치(약 76cm)에 가까운 황소 허벅지가 돋보였고, 그 힘을 바탕으로 뿜어 나오는 강속구는 시속 160km를 가뿐히 넘겼습니다. 수십억 대 연봉을 자랑하던 덩치 큰 서양인 타자들이 박찬호의 공에 배트 한 번 대보지 못하고 삼진을 당했습니다. 한국의 야구팬들은 거기서 대리만족을 느꼈죠.

박찬호 선수가 마지막으로 한화 이글스에서 활동하다 2012년 은퇴하고 강연과 예능에 뛰어들면서 새로운 별명을 얻었습니다. 말이 너무 많은 사람을 뜻하는 '투머치토커 Too Much Talker'입니다.

포털사이트를 검색해 보면 그의 별명과 관련된 '짤 GIF'을 쉽게 찾을 수 있습니다. "제가 LA에 있을 때 말이죠"로 시작해 "내 말 알아들었어?"로 마무리하는 패러디가 등장하고, 이러한 상황을 소재로 광고까지 찍을 정도로 화제가 되었습니다. 예전에 '공이 너무 빠른 사나이'였던 박찬호는 요즘 '말이 너무 많은 아저씨'로 이미지가 조금 달라졌습니다.

'투머치토커'라는 별명을 들어본 적이 있냐는 질문에, 박찬호는 이렇게 말합니다. "음, 제가 말이 너무 많다고요? 아뇨, 저는 인정할 수 없어요. 질문을 하니까 답을 하는 것뿐인데, 사람들은 그걸 모르고 저더러 말이 많다고 하죠. 어쩌고 저쩌고 블라블라." 화면이 빠른 속도로 한참 지나갔는데도 그의 대답은 계속 이어졌습니다.

"제가 정말 하고 싶은 말은 음… 저는 '꼭 필요한' 조언만 골라서 한다는 겁니다. 그런데 그 꼭 필요한 말이 자꾸만 생각납니다.

꼭 필요한 말인데 안 할 수가 없죠. 이게 다 꼭 필요한 말이니까요. 왜냐하면 흠… 그걸 정확하게 알려드리려면 제가 LA 있을 때 이야기부터 해야 하는데요."

'말이 참 많다'는 표현은 대체로 부정적인 뉘앙스를 동반합니다. 호흡이 지나치게 길거나 비슷한 말을 반복하거나 목소리 톤이 일정하고 지루하면 "거 참, 말 많네"라는 소리가 절로 나옵니다. 반대로 스토리텔링을 잘하면 서너 시간을 떠들어도 "벌써 끝났어?"라고 합니다. 말이 많고 적은 게 텍스트 '분량'의 문제가 아니란 뜻입니다.

정확하지 않은 팩트를 확인도 하지 않고 대충 내놓거나, 분명하지 않은 표현을 남발하거나, 앞뒤나 논리가 맞지 않는 글을 읽는 것만큼 피곤한 일은 없습니다. 저는 전혀 관심 없는 이야기를 혼자 신나서 전문용어까지 써가며 계속 늘어놓는 사람을 만나면 짜증이 나서 저도 모르게 이렇게 말하고 싶어집니다. "말이 참 많으시네요."

박찬호의 말에는 '최초' 타이틀을 달고 한국 야구의 역사를 새로 쓴 자부심과 진심이 가득 담겨 있습니다. 그런데도 내용이 귀에 안 들어오고 참아주기가 버겁다면 그건 '내용'이 아니라 전달 '방식 way'에 문제가 있는 겁니다.

박찬호 선수가 저를 찾아온다면 세 가지 비법을 꼭 알려주고 싶습니다. '짧고short' '쉽고easy' '정확하게correct' 쓰고 말하라고요. 이건 어떤 상황이든 다 통하는 세 가지 절대원칙입니다.

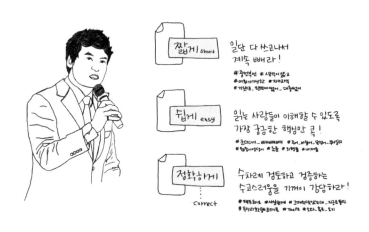

가장 중요한 것은 문장을 '짧게' 쓰는 것입니다. 문장이 길면 중언부언하게 됩니다. 한 문장에서 같은 단어가 중복된다는 건, 그만큼 생각이 얇고 어휘가 가난하다는 자기 고백입니다. 간결하게 쓰는 방법은 간단합니다. 일단 다 쓰고 나서 계속 빼는 겁니다. 굳이 없어도 되는 문장이나 단어를 지워나가다 보면 꼭 남겨야 하는 문장만 남죠. 꼭 써야 할 문장이 생각보다 별로 없어 놀랄 수도 있습니다.

주변에 '글 좀 쓴다'는 사람들은 모두 이렇게 여러 번 가지를 쳐서 겨우 글 한 편을 내놓습니다. 그러고는 "한 번에 썼다"며 글쟁이 특유의 거드름을 피웁니다. "대충 썼어"라는 그 말에 속아서는 안 됩니다. 순식간에 죽 쓰는 '일필휘지—筆揮之'는 무협지 속 이야기일 뿐입니다.

두 번째로는 '쉽게' 쓰는 겁니다. 이것은 간결하게 쓰면 저절로 해결되는 문제입니다. 군더더기를 빼고 주어, 서술어, 목적어, 부사어를 일치시킵니다. 그러면 써야 할 것과 쓰지 않아도 될 것들이 명확하게 가려집니다. 자신이 많이 안다는 것을 자랑하려고 이런저런 전문용어를 가져다 써서는 안 됩니다. 읽는 사람들이 이해할 수 있도록 가장 궁금한 핵심만 찔러야 합니다.

어떻게 해야 할지 모르겠다면 '원숭이 엉덩이'만 기억하세요. "원숭이 엉덩이는 빨개~ 빨가면 사과~ 사과는 맛있어~ 맛있으면 바나나~ 바나나는 길어~" 친절한 이야기는 이런 식으로 천천히 단계를 밟아나가야 합니다. 느닷없이 "원숭이 엉덩이는 백두산"이라고 불쑥 말하면 빈틈이 생깁니다. 사람들이 공감할 수 없습니다. 쉬운 글은 앞 문장과 뒷문장이 딱딱 맞아떨어져야 서로를 척척 끌어줍니다.

쉬운 글에는 '운율'이 있습니다. 논리적으로 자연스럽게 연결되기 때문에 읽는 맛이 있어서 쉽게 느껴지는 것입니다. 운율은 외형률外形律과 내재율內在律로 나뉘는데, 외형률은 '글의 구성'에서 나옵니다. 서론-본론-결론, 기승전결, 주장-이유-예시-강조, 첫째-둘째-셋째, 이런 식으로 글을 구성하면 운율이 자연스럽게 나옵니다. 사람들은 패턴에 익숙해서 다음 내용을 예상하며 지식과 정보를 스스로 구조화합니다.

내재율內在律은 호흡과 발음에 따른 운율입니다. 시조에서 3-4-3-4, 3-4-3-4, 3-5-4-3처럼 글자 수가 정해져 있는 것과 같습니다. 큰 소리로 읽어보면 내재율을 느낄 수 있습니다. 독자들은 작가들이 잘 짜놓은 그 리듬을 흥얼거리며 따라갑니다. 내재율을 익히려면 좋은 문장을 소리 내서 읽는 습관을 들여야 합니다. 눈으로만 읽는 것보다 여러 개의 감각을 동시에 사용하여 읽고 쓰면 뇌가 더욱 자극되어 더 좋은 표현을 쉽게 찾을 수 있습니다.

세 번째는 '정확하게' 써야 합니다. 한마디로 '사실fact에 맞게 쓰는 것'입니다. 당연한 말이지만 이게 참 어렵습니다. 사실과 의견을 정확하게 구분해야 하는데, 바람이나 희망을 사실처럼 쓰는 경우가 많습니다. 어떨 땐 틀린 내용을 확인도 안 해보고 써서 망신을 당하기도 합니다. 가끔은 '그때는 맞았는데 지금은 틀린' 내용을 업데이트하지 않아 사실이 아닌 내용을 사실로 잘못 알고 씁니다.

팩트에 자신이 없으면 수고스럽더라도 사실관계를 여러 번 검증해 봐야 합니다. 한 번만 더 따져보면 사실에 맞지 않거나 논리의 오류가 있는 걸 쉽게 알 수 있는데도 시간이 없다며 대충 뭉개기도 합니다. 이런 경우 운이 좋으면 넘어가지만, 결국엔 대부분 탈이 납니다.

기업의 과감한 혁신을 강조하는 '독수리의 환골탈태론'이 그 좋은 예입니다. 40년을 산 독수리는 부리가 구부러져 먹이를 구할 수 없게 되는데, 이때 부리를 바위에 일부러 부딪혀 부러뜨리면 새 부리가 자라나 30년을 더 살게 되고 그렇지 못하면 죽게 된다는 내용의 이야기입니다.

결론부터 말하면, 어딘가에서 한 번쯤은 들어보셨을 이 이야기는 전혀 사실이 아닙니다. 손상된 신체기관이 잎사귀가 새로 나듯 재생되는 동물은 세상에 없다고 합니다. 상징과 비유가 과학적 사실로 잘못 인식되고 무비판적으로 인용되어 온 것입니다.

사실만을 써야 하는 신문보도에도 틀린 내용이 심심치 않게 나옵니다. 홍보 전문지 〈The PR〉 기사에 따르면, 주요 일간 종합지와 경제지의 홈페이지에 실린 공식 정정보도 수만 세어도 2018년 기준 총 171건이나 됩니다. 오타(誤打)나 오기(誤記)와 같은 단순 실수를 제외해도 팩트 체크가 잘못된 기사가 122건이나 된다고 합니다.

뉴스뿐 아니라 방송에 나온 내용 중에도 사실과 다른 것들이 여럿 있습니다. 한 인문학 강사가 조선시대 작가와 작품을 엉뚱하게 연결한 내용이 마치 역사적 사실인 양 버젓이 방송에 나와 논란이 되기도 했습니다.

박근혜 전 대통령은 제71주년 광복절 경축사에서 안중근 의사가 유언을 말한 장소를 뤼순이 아니라 하얼빈이라고 잘못 말하기도 했습니다. 하얼빈은 거사를 벌인 기차역이고, 뤼순은 안중근 의사가 돌아가신 감옥입니다.

글쓰기에 왕도는 없지만 절대원칙은 있습니다. '짧게, 쉽게, 정확하게'입니다. 이 책을 포함해 동서고금의 모든 글쓰기 책은 이세 가지 비법을 여러 방식으로 길게 이야기하고 있을 뿐입니다.

오늘 잘 살아야 내일 잘 쓴다
◇ 글쓰기는 삶 쓰기 ◇

새벽 종로 거리에서 친구와 술 한잔하며 대화를 나눴습니다. 오랜만에 취할 만큼 마셔서 대화 내용이 정확히 기억나지는 않지만, 어렴풋이 이런 이야기를 주고받았던 듯합니다.

"내 글을 싹 뜯어고치고 싶어. 어떻게 해야 할까?" "네 생각을 다 뜯어고쳐." "야! 생각을 어떻게 뜯어고쳐?" "쉬워, 삶을 확 뜯어고치면 돼."

친구와 몇 병을 더 비운 후 택시에 실려 집에 들어왔습니다. 다음 날 아침 화장실 변기에선 역한 소주 냄새가 났습니다. 설사를 여러 번 하느라 엉덩이가 얼얼할 지경이었죠.

'설사泄瀉'라고 하면 다들 코를 마고 인상부터 쓰기 일쑤지만, 설사는 글쓰기의 쓸모를 이야기할 때 꽤 의미심장한 말입니다. 좀 고상한 말로는 '카타르시스katharsis'라고 합니다. 좀 더 쉽게 이야기하면 억압된 감정의 응어리가 글쓰기를 통해 배출된다는 말입니다. 울고 싶을 때, 죽고 싶을 만큼 억울할 때, 못 견디게 누군가 그리울 때 편지나 일기를 쓰면서 마음이 가라앉은 경험을 한 번쯤 해보신 분이라면 쉽게 이해하리라 생각합니다.

모든 글은 궁극적으로 '설사' 같은 겁니다. 먹은 것들이 내 안에서 한 번 소화되었다가 조금씩 새면서 갑자기 터져 나오죠. 그러니까 지금 엉망으로 살고 있으면서 나중에 좋은 글을 쓰겠다는 건 말도 안 되는 소리라는 겁니다.

생각해 보세요. 반어법이 아니라면 매일 술을 마시는 알코올 의심환자가 '술 없이 건강해지는 법'이라는 글을 쓸 수는 없을 겁니다. 동네 뒷산도 가보지 않으신 분이 '히말라야 여행기'를 쓰지는 못합니다. 매일 찡그린 얼굴로 '웃으면 행복해져요'라고 말할 수 없습니다.

화려한 글발과 언변으로 하루 이틀 한두 명은 속일 수 있을지 몰라도, 몇 년 동안 수백 명을 속일 수는 없습니다. 포장지가 아무리 아름다워도 그건 언젠가 벗겨지게 되어 있고, 결국 남는 건 겉모양이 아니라 내용물입니다.

그러니까 '글'을 잘 쓰고 싶다면 '생각'을 잘해야 합니다. '생각'을 잘하려면 '삶'을 잘 살아야 합니다. '삶'을 잘 살면 '글'을 잘 쓸 확률이 몇 배는 올라갑니다. 주머니 속의 송곳을 감출 수 없는 것처럼, 모두에게 존경받고 인정받는 글을 쓰고 싶다면 힘들어도 그러한 삶을 살아내야 합니다. "글을 싹 뜯어고치려면 네 삶을 확 뜯어고쳐!"라는 술자리 농담이 완전 헛소리는 아닌 겁니다.

지극히 당연한 소리지만, 세상 모든 것은 들어간 그대로 나옵니다. 좋은 삶에선 좋은 이야기가 나오고, 즐거운 삶에선 즐거운 이야기가 나옵니다. 예외가 없습니다. 그 반대의 경우도 마찬가지입니다. 잘 쓰고 싶다면 잘 살아야 합니다.

잘 살아야 한다는 것이 사회적으로 성공해야 한다는 뜻은 아닙니다. 명문대를 나오고, 대기업에 다니고, 의사나 변호사가 되어 고액 연봉을 받고, 한강이 보이는 30평대 아파트를 구입해야만 잘 사는 게 아닙니다. 자신에게 주어진 환경을 극복해 가면서 삶에서 벌어지는 일들을 잘 기록하고 마음을 관리해 가라는 뜻입니다.

이 시대 최고의 문장가로 꼽히는 김훈 작가는 "글쓰기란 농부가 밭을 갈 듯, 대장장이가 연장을 벼리듯 '겨우겨우' 진땀 흘리며 '온몸으로 밀고 나아가는' 행위"라고 말했습니다. 생각과 재주만으로 좋은 글을 쓰는 데는 한계가 있습니다. 차곡차곡 쌓아올린 인생의 경험만큼 글쓰기에서 소중한 재료는 없습니다.

　많은 글쓰기 책들이 글쓰기를 '문장 쓰기'로 좁게만 보고 있는데, 글쓰기는 사실 '삶 쓰기'입니다. 글이라는 도구를 가지고 삶을 담아내고 만들어 가는 겁니다. 그러니까 글을 잘 쓰려면 '나에게 주어진 삶을 잘 살아가는 게 먼저'입니다. '문장 쓰기' 기법을 배우는 것은 그다음입니다. 다들 지금 잘 살고 계신가요?

별정직의 생존법
◇ 글쓰기의 구심력과 원심력 ◇

스피치라이터는 대부분 '별정직'입니다. 특정 업무를 수행하기 위해 별도로 채용돼 계약을 연장하며 일을 합니다. 신입사원이 승진해 스피치라이터가 되는 경우는 거의 본 적이 없습니다. 언론홍보 담당자 중 하나가 겸직하거나 홍보실장이 맡는 경우는 종종 있습니다. 가끔은 메이저 신문사 출신 베테랑 기자를 연설문 고문으로 두기도 하죠. 사기업보다는 정당이나 정부기관, 자치단체 그리고 공기업에서 주로 근무합니다.

스피치라이터는 2019년 5월 고용노동부 직업사전에 처음 등재됐습니다. 그전까진 분명 있어도 없는 직업이었죠. 저는 그 사실을 뒤늦게 알게 되어 담당자에게 이메일을 보내고 인터뷰를 자처해 스피치라이터를 새로운 직업으로 등록했습니다. 과장해서 말하면 제가 우리나라 직업사전에 처음 등록된 '공식 스피치라이터 1호'라고 우겨볼 수도 있습니다. 이후 그 숫자를 세어보진 않았지만, 우리나라에서 활동하는 전담 스피치라이터는 100명 정도가 아닐까 짐작만 하고 있습니다.

이러한 직업적 특성 때문에 남들은 잘 모르는 어려움이 꽤 있습니다. 딱히 동기라고 부를 사람이 없고, 함께 들어온 선후배가 없으니 든든한 뒷배도 없습니다. 한마디로 힘이 없으니 목소리를 내기 어렵습니다. 밥그릇 싸움에 밀려 승진을 못하거나 아예 원천봉쇄되는 경우도 여럿입니다. 그나마 임기는 보장되는데 2~3년마다 재계약을 해야 합니다. 크게 문제가 없어도 그때마다 조금씩 긴장되는 것은 어쩔 수 없습니다.

별정직은 전문성을 스스로 증명하지 못하면 자리를 보전하기 어렵습니다. 기존 구성원들이 갖지 못한 업무지식과 판단력, 그리고 풍부한 실무 경험을 계속 보유하고 있어야 합니다. 이력서와 포트폴리오를 자주 업데이트하면서 실력이 녹스는 것을 늘 경계해야 하는데, 시간이 흐를수록 무뎌지고 매너리즘에 젖는 것은 사람이다 보니 쉽지 않습니다. 그냥 술 마시며 좋은 사람들과 대충 잘 지내고 싶어집니다.

별정직이 회식에 자주 빠지고 바깥 사람을 만나거나 혼자 놀면 "저거 우리 회사 사람 되려면 한참 멀었어!"라는 말을 듣습니다. 반대로 구성원들과 매일 어울리고 시시껄렁한 의견만 내면 "저딴 걸 전문가라고 뽑았냐?"라는 비아냥거림과 조롱을 듣게 됩니다. 그것도 어젯밤에 같이 밥 먹고 술 먹고 할 거 다한 친한 사람들이 나서서 욕을 합니다.

제가 볼 때 별정직의 생존법은 구심력求心力, centripetal force과 원심력遠心力, centrifugal force의 균형을 얼마나 팽팽하게 유지하느냐에 달려 있습니다. '구심력'은 물체가 원운동을 할 때 원의 중심으로 향하려는 힘이고, '원심력'은 원 바깥으로 나가려는 반대 방향의 힘입니다.

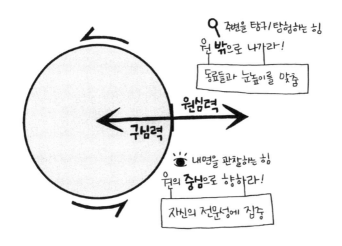

이 둘이 균형을 이뤄야 줄이 끊어지지 않고 물체가 힘 있게 회전합니다. 마찬가지로 별정직은 '자신의 전문성'에 집중하는 구심력을 갖추는 것은 기본이고, '회사 구성원의 시선'에 나를 맞추는 원심력도 겸비해야 합니다. 이 어렵고 복잡한 조화를 잘 이룬 별정직만이 조직에서 평화를 누리고 장수할 수 있습니다.

글쓰기에도 구심력과 원심력의 균형을 잡는 게 필요합니다. 구심력은 자기 내면을 관찰하는 힘입니다. 관찰은 '사물이나 현상을 주의 깊게 살펴보는 일'입니다. 평소 흘려보냈던 내 마음속 작은 떨림에 깜짝 놀랄 수 있어야 하고, 몸 상태나 감정 변화에도 예민해야 합니다. 내가 좋아하는 것과 잘하는 것은 물론이고, 콤플렉스, 흑역사, 어린 시절 상처, 욕심, 시기, 질투, 이런 것들까지 성찰할 수 있어야 합니다. 내 안에 나도 모르는 내가 얼마나 많은지 분명하게 아는 것, 처음 보는 나를 발견해도 놀라지 않고 담대하게 바깥으로 꺼내주는 것, 그게 모든 글쓰기의 시작입니다.

원심력도 가지고 있어야 합니다. 내 주변에 무엇이 있는지 탐험하고 탐구해야 합니다. 탐험은 '위험을 무릅쓰고 어떤 곳을 찾아가는 것'이고, 탐구는 '욕심을 내어 가지려고 노력하는 것'입니다.

신문이나 책을 읽으며 요즘 사람들이 무엇을 좋아하는지 찾아보고, 영화나 드라마, 심지어 만화까지 관심 있게 살펴볼 필요가 있습니다. 페이스북이나 블로그에 글을 쓰고 브런치 매거진을 정기적으로 발행하면서, 세상이 무엇에 얼마나 반응하는지 주기적으로 모니터링하는 수고도 기꺼이 해야 합니다.

이 구심력과 원심력은 글을 쓸 때 똑같이 중요합니다. 나 자신 또는 내가 속한 조직이 어디에 있는지를 정확히 알아야 외부상황에 어떻게 반응할지 결정할 수 있고, 반대로 외부상황을 면밀하게 파악해야 나와 조직의 입장이나 생각을 효과적으로 정리할 수 있기 때문입니다.

두 가지 힘이 균형을 이루지 못하면 한쪽으로 자꾸 기울어지다가 결국 줄이 끊어져 튕겨 나가고 맙니다. 내 자신으로 향한 구심력만 강하면 '저 사람은 항상 일방적이야' '자기 자랑뿐이야' '횡설수설해' '무슨 소리인지 하나도 모르겠어'라는 말을 듣게 됩니다. 반대로 바깥으로 나가는 원심력만 지나치게 세면 '알맹이가 없어' '다 아는 이야기야' '너무 뻔해' '지겨워'라는 혹평에 시달립니다.

결국 글을 잘 쓰려면 나를 아는 것, 그리고 내가 아닌 것에 호기심을 갖는 것, 이 두 가지가 모두 필요합니다. 구심력과 원심력은 자칫 상반되어 보이지만 사실은 서로를 채워주며 회전할 수 있도록 유지하는 핵심입니다. 글을 '더' 잘 쓰고 싶다면 그 힘의 균형을 잡는 것뿐만 아니라 그 균형점에서 힘을 어떻게 줘야 원의 크기를 최대한 키울 수 있는지도 알아야 합니다.

Part 3

글쓰기의
격을
높이는
기술

Writer's Pick

당신은 왜 글을 씁니까? 저는 쓰고 싶어서 씁니다. 화가 나기 때문에 씁니다. 방에서 하루 종일 앉아 글을 쓰는 것을 좋아하기 때문에 씁니다. (중략) 전 세계가 안았으면 해서 씁니다. 종이, 연필, 그리고 잉크 냄새를 좋아하기 때문에 씁니다. 문학을, 소설을 무엇보다 신뢰하기 때문에 씁니다. 저의 습관과 열정이기 때문에 씁니다. 잊히는 것이 두렵기 때문에 씁니다. (중략) 도무지 행복할 수 없기 때문에 씁니다. 행복하기 위해서 씁니다.

《아버지의 여행가방》 오르한 파묵

백종원이 알려준 글쓰기 비법
◇ 레시피와 구성요소 ◇

요즘 즐겨 보는 TV 프로그램 중 하나가 〈백종원의 골목식당〉입니다. 작은 식당을 하는 사람들에게 문제해결 방안을 제시하는 콘셉트죠. 볼 때마다 자주 느낀 것은 '별 준비나 고민 없이 음식 장사를 시작하는 사람들이 꽤 많네'라는 당혹감과 실망이었습니다. 식당을 운영하는 사람들은 모두 요리에 일가견이 있고 남다른 자신감을 가지고 있는 줄 알았습니다. 그다음 눈에 띈 것은 음식점 주인분들을 어떻게든 도우려는 백종원 대표의 인간미와 동료애 그리고 나름의 진심이었습니다. 뭐, 물론 연출의 힘일 수도 있습니다만.

쿡방과 먹방을 종횡무진하는 백종원 대표가 어느 예능 프로에서 '요리 못하는 사람들의 공통점'을 알려준 적이 있습니다. 첫 번째, 불과 기름의 양을 조절하지 못합니다. 두 번째, 재료를 계량하지 않습니다. 세 번째, 조미료를 맹신합니다. 이 세 가지를 한마디로 종합하면 레시피를 잘 모르거나 무시한다는 뜻입니다. 뭐가 언제 얼마나 들어가야 하는지 잘 알지도 못하면서 '나중에 MSG만 넣으면 어떻게든 먹을 만하겠지'라는 용감한 생각을 합니다.

결과는 안 먹어봐도 뻔합니다. '치킨 김치찌개'라는 괴상한 음식을 퓨전요리라고 우기거나 이 세상에 하나뿐인 '된장 바나나 셰이크' 따위를 먹어보라며 자꾸 가져옵니다. 김치볶음밥을 하나 해도 처음엔 고추장이 너무 많아 맵다가 나중엔 밥을 너무 많이 넣다 보니 맨밥처럼 싱겁습니다. 고기를 구우면 다 태우기 일쑤고, 달걀프라이에서는 식용유가 뚝뚝 흘러내립니다. 동태탕을 끓이면 생선에 국물이 전혀 배지 않고 양념과 따로 놉니다.

레시피는 재료의 종류, 배합의 기준량과 순서를 정리한 일종의 요리 설계도입니다. 레시피가 전부는 아니겠지만, 이것만 제대로 지키면 많은 사람들의 입맛에 맞는 '중간 수준 이상의 맛'을 낼 수 있습니다. 이제 막 요리를 배우는 단계이거나 새로운 맛을 만들어 내기 어렵다면 레시피를 잘 지키는 것이 가장 안전하고 확실한 방법입니다.

새콤하고 얼큰한 돼지김치찌개의 황금 레시피는 이렇다고 합니다. 기호에 따라 다르지만 이렇게만 하면 대부분의 사람들이 좋아하는 음식을 만들 수 있습니다.

① 냄비에 기름을 살짝 두르고 돼지고기를 먼저 볶는다.

② 먹기 좋게 썬 김치를 넣고 물 5컵을 부어 자박하게 끓인다.

③ 대파와 양파, 다진 마늘을 넣고 약불에서 10분간 더 끓인다.

④ 두부, 버섯, 풋고추와 다진 파, 다진 마늘, 고춧가루를 넣는다.

글을 잘 쓰는 비법도 요리를 잘하는 비법과 아주 비슷합니다. 글에 뭐가 필요하고 무슨 소재를 어떤 순서로 얼마나 이야기해야 하는지를 머리와 손가락으로 알고 있어야 합니다.

요리를 할 때 레시피를 아는 것과 글을 쓸 때 구성요소를 아는 것은 원칙적으로 비슷합니다. 레시피만 잘 지켜도 음식 맛이 좋아지는 것처럼, 글의 구성요소를 잘 갖추면 글이 몰라보게 좋아집니다. 물론 김치찌개를 가장 맛있게 끓이는 핵심은 '맛있는 김치'입니다. 주재료가 나쁘면 맛이 나지 않는 것처럼, 콘텐츠가 좋지 않으면 구성요소를 어떻게 바꿔봐도 글맛이 나지 않습니다.

가끔은 '그깟 구성 좀 배운다고 글이 좋아지냐?'며 아예 알 생각조차 하지 않는 분들도 있습니다. 서론-본론-결론 3단 구성이나 기-승-전-결 4단 구성, 발단-전개-위기-절정-결말 5단 구성을 수학 공식처럼 아무리 머릿속에 주입해 봐도 막상 글을 쓰려면 제대로 정리되지 않는다는 이야기입니다.

그럴 수 있습니다. 구성방식이 워낙 많으니까요. 칼럼처럼 짧은 논리를 펴기에 좋은 주장Point-이유Reason-예시Example-재강조Point의 PREP 구성, 사건의 흐름을 묘사하기에 좋은 시간 구성, 시작과 끝이 호응하는 수미쌍관 구성, 대전제-소전제-결론의 삼단논법 구성, 별개의 사실을 모아 공통의 원리를 찾아내는 귀납적 구성, 여러 예시를 드는 병렬 구성 등 이런 것들을 외운다고 써먹을 수 있을까요?

맞습니다. 구성방식을 외울 필요는 없습니다. 외운다고 내 것이 되는 게 아니거든요. 좋은 글을 자주 보고 쓰면서 논리가 흘러가는 방향을 익히는 게 가장 좋습니다. 그러다 보면 어느새 내 글이 그 길을 걷게 됩니다. 롤모델을 정해 흉내를 내보세요. 어느 날 내 글에 다양한 구성법이 적절하게 사용된 것을 발견하는 기쁜 순간이 분명 찾아옵니다.

자기 솔루션만 강요한다고 백종원 대표를 비난하는 사람도 있습니다만, 그가 스스로를 요리사나 요리연구가라고 부르지 않는다는 걸 아셔야 합니다. 스스로를 '요리를 좋아하는 밥장사꾼'이라고 소개합니다. 요리를 예술이라고 생각하는 사람들은 세상에 없던 새로운 맛과 조리법을 발견하는 데 큰 의미를 둘지 몰라도, 손님을 상대하는 대중음식점은 가장 많은 사람들이 좋아하는 '표준화된 중간 이상의 맛'을 만들어 내는 것이 더 중요합니다.

마찬가지로 스피치라이터는 소설가나 평론가가 아닙니다. 그저 '글쓰기를 좋아하고 회사에서 글을 쓰는 월급쟁이'일 뿐입니다. 글쓰기를 예술이라 생각하기보다는, 노동력을 투입해 만들어 내는 상품이라고 생각하고 있습니다. 대통령, 장관, 시장, 도지사, 회장, 사장이 필요로 하는 것을 제때 써내는 것이 가장 중요하고, 그것을 해내야 밥벌이가 지속가능해집니다.

레시피 없이 요리를 하겠다는 것은 요리를 잘하고 싶지 않다는 말입니다. 글의 구성을 배우지 않고 글을 쓰겠다는 것은 글을 못 써도 상관없다는 뜻입니다. 이제 막 글을 쓰기 시작했다면, 앞으로 일정 수준 이상의 글을 회사 안팎에서 꾸준히 써내고 싶다면 교과서에 소개된 글쓰기 구성방식쯤은 꼭 한 번 살펴보고 가는 것이 좋습니다. 국어 교과서에 글쓰기 구성방식이 계속 나오는 데는 다 그만한 이유가 있습니다.

뼛속까지 찌질하게 써라
◇ 집착, 상처, 오지랖 ◇

오래 알고 지내던 아끼는 후배가 송년회 자리에서 카드 한 장을 내밀었습니다. 짧은 문장 속 한 구절이 눈에 콱 박히는 듯했습니다.

"지난 한 해 동안 '찌사매'가 뭔지 잘 보여주셔서 고맙습니다."

나만 모르는 신조어가 그새 또 나왔나 하는 마음에 슬쩍 검색해 보니 '조금 작은ちいさめ'이라는 뜻의 일본어였습니다. 아무리 생각해도 맥락을 이해할 수 없어 기회를 봐서 최대한 무심한 척 물어봤습니다.

"아, 그런데 그거 있잖아, 아니 이거는 뭐 별건 아닌데 찌사매가 뭐야?" "설마 아까부터 계속 타이밍 보고 계셨던 거예요?" "아냐, 그냥 궁금해서. '찌사매'가 뭔데? 욕은 아니지?" "찌, 찌질하지만, 사, 사랑스러운, 매, 매력!"

궁금증은 풀렸지만 뭔가 물어볼 게 아직 남았습니다. 한참 웃고 떠들며 소주를 한 병쯤 더 마시다가 살짝 풀린 혀로 다시 물었습니다.

"그런데 내가 왜 찌싸매야? 내가 찌질해? 나, 화난 거 진짜 아니라니까. 도대체 내가 뭐가 찌질한데? 응?"

술자리 중간에 화장실에서 찾아보니 '찌질하다'는 국립국어원 표준국어대사전에 등재되지 않은 단어더군요. '보잘것없고 변변치 못하다' 또는 '싫증날 만큼 지루하다'는 뜻의 '지질하다'가 표준어입니다. '지질하고, 지질하게, 지질하니, 지질해서'의 형태로 쓰입니다. '지질하다'를 '찌질하다'라고 악센트를 줘 말하는 것은 '자르다'를 '짜르다'로, '힘세다'를 '힘쎄다'라고 발음하는 것과 비슷합니다. 격한 감정을 꾹꾹 담은 거죠.

비슷한 말로는 '쪼잔하다' '무능하다' '속이 좁다'가 있고, 영어로는 '비잉 어 너드 being a nerd' '퍼세틱 pathetic' '티미드 timid' 정도로 번역됩니다. 대체로 부정적인 표현이고, 그 안엔 상대의 잘못이나 약점을 놀리는 뉘앙스가 담겨 있습니다. 한 해를 마무리하는 훈훈한 자리에서 이런 말을 난데없이 들었으니 기분이 좋을 리 없습니다.

이럴수록 제가 더 찌질해 보이나요? 곰곰이 생각해 보니 저는 찌질한 놈이 맞기는 합니다. 중학교 때는 친구에게 빌려준 볼펜 하나를 돌려받으려고 2km가 넘는 길을 걸어간 적도 있습니다. 잘난 친구가 얄미워 뒤에서 욕하고 다니기도 했습니다. 동료가 나보다 조금이라도 잘되면 한 달 내내 배가 아팠고, 내가 잘되면 겉으로는 가식과 겸손을 떨면서 속으론 뻐기고 다녔습니다.

짝사랑에게 차이고 나서 청량리역에서 아무 기차나 무임승차를 한 적도 있고, 헤어진 연인에게 '자니?'라는 문자를 수없이 날리는 부끄러운 짓도 원 없이 해봤습니다.

주변 사람들이 지나가는 말로 '그건 내가 알아서 할게!'라거나 '넌 신경 꺼!' 같은 말을 하면 몇 달 동안 끙끙 앓습니다. 택시비 5천 원이 없어서 한남대교를 터덜터덜 걸어간 적도 있고, 술에 취해 강남역에서 잠든 적도 있습니다. 나눠 내기로 한 술값이 아까워 모른 척 뭉개기도 했죠. 찌질의 역사를 여기서 다 이야기하자면 입이 아플 지경입니다.

"선배, 찌사매는 '찌질'이 중요한 게 아니라 '사랑스러운 매력'이 핵심이에요." 계속 캐묻자 결국 대답해 줍니다. 맥줏집에서 다시 시작된 2차 술자리의 대화 주제는 자연스럽게 '찌질이란 무엇인가?'였습니다. 제가 저질러온 찌질함에 대한 온갖 제보와 증언들이 쏟아졌습니다. 마녀사냥이 진행될수록 저는 점점 더 찌질한 사람이 되었죠. 반론 기회는 딱 한 번뿐이었습니다.

"존경하는 판사님, 그리고 친애하는 배심원 여러분. 찌질한 게 꼭 그렇게 나쁘기만 한 건가요? 세상 사람들은 원래 다 찌질하지 않나요? 어쩌면 지금 다들 속으로는 이 술값을 누가 내야 하나, 언제 일어나야 하나 계산 중이지 않나요?"

한 방 제대로 들어갔습니다. 턱밑까지 연타를 날려봅니다.

"대부분의 사람들은 자기가 찌질하다는 것을 굳이 드러내지 않고 애써 감추려 노력하죠. 저는 다릅니다. 멋지게 보이려고 젠체하지 않다 보니 찌질하다는 오해를 받아온 겁니다. 맘속에서 매번 올라오는 이 수많은 찌질한 생각들을 저는 외면할 수가 없습니다. 이것들은 제 글쓰기의 원천입니다. 그러니 저의 찌질함을 부디 허락해 주십시오."

거꾸로 생각해 보세요. 쿨한 사람은 얼음처럼 무심합니다. 가슴 시린 이별이 하루 만에 아무것도 아닌 게 되고, 불합리와 부조리에도 기계처럼 순응합니다. 이런 사람들은 글을 쓰지 못합니다. 글을 쓸 이유가 별로 없습니다. 글이란 건 원래 답답하고 억

울하고 화가 나고 창피하고 자랑하고 싶은 것들을 담아놓는 그릇
이니까요. 찌질해야 솔직하고, 솔직해야 예민하고, 예민해야 관
찰하고, 관찰해야 글을 쓸 수 있습니다. 글 쓰는 모든 사람은 관
종(관심종자)이라지만, 거기에 하나 더하면 글 쓰는 사람은 모두 찌
질해야 하는 겁니다.

글을 잘 쓰고 싶다면 찌질함에 더 관대해야 합니다. 남들은 그
냥 넘어가는 평범한 실수나 사건 사고를 오랫동안 기억하고, 잊
고 살았거나 잊고 싶었던 흑역사를 몇 번씩 곱씹고, 나 혼자 다
아픈 것처럼 고통을 과장하고, 오늘이 마지막인 것처럼 즐거움에
몰입하고, 해결도 못하면서 오지랖을 떨고, 그렇게 모든 일에 나
름의 의미를 부여하고 간섭하면서 지난날을 지겹도록 계속 돌아
봐야 합니다. 억울하지만 이런 것들을 찌질하다고 한다면 저는
기꺼이 찌질한 놈이 되겠습니다.

그날의 가상법정에서는 판사 역할을 맡은 친구가 솔로몬의 지
혜를 발휘했습니다. "글을 잘 쓰고 싶다면 누구든지 지금보다 더
찌질해도 좋다!" 전 세계에 글쓰기 혁명을 일으킨 나탈리 골드버
그 Natalie Goldberg 는 "뼛속까지 내려가서 써라!"고 말했습니다. 저는
이렇게 말씀드리고 싶습니다. "뼛속까지 찌질하게 써라!"

<워킹데드>의 장수 비결
◇ 반복과 변주 ◇

처음엔 재미로 봤는데 지금은 의리와 오기로 보는 드라마가 있습니다. 미국 케이블TV 사상 최고의 시청률을 기록한 메가 히트작 〈워킹데드Walking Dead〉입니다. 방송 뒷이야기를 하는 〈토킹데드Talking Dead〉라는 예능 프로그램도 있는데, 이것마저 시청률 10위에 오를 정도입니다.

〈워킹데드〉는 좀비들이 지배하는 세상에서 생존자들이 벌이는 사투를 그린 드라마입니다. 애틀랜타에서 워싱턴으로 이야기의 무대가 조금씩 옮겨지다가, 지금은 미국 전역으로 확장됐습니다. 2019년 10월 새롭게 시작한 시즌 10은 생존자 그룹의 리더 릭 그

라임스(앤드루 링컨)가 실종된 지 6년이 흐른 다음의 상황을 그리고 있습니다. 주인공 없이도 스토리가 계속 진행되는 신기한 드라마입니다.

2010년에 첫선을 보였으니 벌써 10년이 넘었습니다. 저는 본방과 재방을 넘나들며 그 많은 이야기들을 모두 따라다닌 사생팬인데, 어느 날 문득 이런 궁금증이 들었습니다. '워킹데드가 이렇게까지 장수하는 비결이 도대체 뭘까?' 좀비를 다룬 콘텐츠는 〈워킹데드〉 이전이나 이후에도 수없이 많았는데 말이에요.

알 만한 것들만 대충 꼽아도 해외에서는 〈데드얼라이브〉(1992), 〈28일후〉(2002), 〈레지던트이블〉(2002), 〈새벽의저주〉(2004), 〈28주후〉(2007), 〈나는전설이다〉(2007), 〈REC〉(2008), 〈월드워Z〉(2013)가 계보를 이어가고, 한국에서는 〈부산행〉(2016), 〈창궐〉(2018), 〈킹덤〉(2019)이 있습니다. 이들 모두 좋은 작품들이지만 이야기를 10년 넘게 끌고 갈 힘은 부족해 보입니다.

〈워킹데드〉는 좀비 이야기의 전형을 그대로 따르는 '정통 아포칼립스' 장르입니다. 세상이 망했습니다. 시체가 갑자기 깨어나 걷기 시작하더니 사람들을 잔인하게 물어뜯습니다. 몸의 절반이 잘려나가도 머리를 부수지 않으면 죽지 않습니다. 한 번 물리면 누구든지 곧바로 좀비가 됩니다. 예외는 없습니다.

〈워킹데드〉는 이야기의 초점과 프레임을 이리저리 굴리며 자칫 뻔할 수 있는 스토리를 흥미롭게 만들어 갑니다. 자세히 보면 시즌별로 조금씩 변화가 있는데요, 시즌 2까지는 평범했던 경찰관이 헤어진 가족을 찾아가는 '눈물겨운 모험기'였습니다. 그러다 시즌 3부터는 절망에 사로잡힌 사람들이 서로를 언제 죽일지 몰라 두려움에 떠는 '하드코어 공포물'이 됩니다.

좀비가 일상이 된 시즌 4부터는 생존자들끼리 서로를 의심하고 배신하고 함정에 빠뜨리는 '서스펜스 스릴러'로 분위기를 바꿉니다. 이후에는 생존자 그룹 간의 치열한 싸움을 보여주는 '조폭 드라마'가 되었다가, 인류 문명의 재건과 희망을 보여주는 '휴먼 다큐'로 모습을 잠시 바꾸기도 합니다.

시즌 6 말미부터 시즌 9까지는 도덕과 가치관이 완전히 다른 릭과 니건(제프리 딘 모건)이 목숨을 걸고 대립하면서 '문명의 충돌'이란 게 뭔지 보여줍니다. 생각이 다를 뿐 어느 누구도 완전한 악마는 아닙니다. 시즌 10부터는 좀비를 수호자로 부르며 그 가죽을 벗겨 입고 다니는 휘스퍼러라는 새로운 적과 다시 마주합니다.

한 가지 소재로 이렇게 오랫동안 여러 이야기를 할 수 있다는 것은 정말 굉장한 일입니다. 〈워킹데드〉는 장르의 틀을 정확하게 지키면서, 원래의 익숙한 이야기 구조에서 벗어나 낯선 이야기를 잠시 하다가도 금세 다시 돌아옵니다. 저는 이런 걸 능숙하게 해내는 것이야말로 〈워킹데드〉만의 독보적인 매력이라고 생각합니다. 좋은 글을 쓰는 비결이 바로 여기에 숨어 있습니다.

사람들은 익숙하면서도 낯선 글에 마음을 빼앗깁니다. 처음에는 〈워킹데드〉처럼 기존 문법을 철저하게 따르는 '전형성'을 한참 보여주며 시청자를 초대하는 겁니다. 그러다가 어느 순간에 상식을 뒤집는 '의외성'을 갑자기 꺼내 놓습니다. 이렇게 하면 독자들이 지루할 틈이 없이 끝까지 긴장하게 됩니다.

전형성은 '존경하는 국민 여러분'으로 연설의 첫 문을 열고, '첫째, 둘째, 셋째'로 본문을 채운 다음, '고맙습니다'로 끝맺는 글을 말합니다. 누구나 아는 검증되고 안전한 방식입니다. 이런 패턴들이 글 속에 적절하게 놓여 있으면 글을 읽고 이해하는 게 좀 더 편해질 수 있습니다. 재미는 없지만 독자가 문장의 흐름을 스스로 예측하면서 글을 쉽게 읽는다는 장점이 있습니다.

하지만 이게 지나치면 글의 수준이 심각하게 떨어지는 문제가 생깁니다. 생각과 표현이 처음부터 끝까지 주어진 틀에만 머무는 글은 아무리 매끄럽게 써도 좋은 글이 될 수 없습니다. 그래서 정말로 잘 쓴 글은 전형성뿐 아니라 '의외성'을 동시에 갖추고 있습니다. 엄격한 질서만 가득하고 그 안에 한 방울의 파격도 없는 글은 오래 기억되지 않습니다.

글이 의외성을 갖는 방법은 여러 가지인데, 그중 하나는 싸이

PSY의 명언 'Dress Classy, Dance Cheessy'로 요약됩니다. 옷을 멋지게 잘 차려입고 익살스러운 춤을 뻔뻔하게 추는 겁니다. 처음엔 좀 당황스러운데 꿋꿋하게 조금 더 밀고 나가면 거기서 웃음이 빵 터집니다.

글을 쓸 때도 진지하고 방대한 이야기 속에 유머를 살짝살짝 섞어 놓으면 글맛이 몰라보게 살아납니다. 세상의 잡다하고 어려운 지식들을 재밌게 풀어내는 빌 브라이슨의 글이 딱 그렇습니다. 그 진수를 직접 확인해 보고 싶다면 《거의 모든 것의 역사》나 《나를 부르는 숲》같은 책을 꼭 읽어보시면 좋습니다.

의외성을 만들어 내는 또 다른 방법은 익숙한 일상을 집요하게 파고들어 그 안에 담긴 의미를 나름대로 재발견하는 겁니다. 문학 이론에서는 이런 걸 '낯설게 하기' 또는 '비틀기'라고 부릅니다.

소설가 김훈의 《라면을 끓이며》는 바로 이런 면에서 깜짝 놀랄 만큼 아주 잘 쓴 글이라고 생각합니다. 고작 라면 하나를 끓이면서 삶의 본질을 이토록 진지하게 논할 수 있는 작가는 우리나라에 몇 없습니다. 몇 줄 읽다 보면 저절로 감탄이 나옵니다.

라면을 끓일 때 가장 중요한 것은 국물과 면의 조화를 이루는 일이다. 이것은 쉽지 않다. 라면 국물은 반 이상은 남기게 돼 있다. 그러나 그

국물이 면에 스며들어 맛을 결정한다. 국물의 맛은 면에 스며들어야 하고, 면의 밀가루 맛은 국물 속으로 배어 나오지 않아야 한다. 이것은 고난도 기술이다. … (중략) … 라면의 길은 아직도 멀다. (pp.29-31)

지금까지 〈워킹데드〉에서 살펴본 글쓰기 비법을 한마디로 정리하면 '반복과 변주'입니다. 좋은 글은 검증된 패턴을 따라가되, 새롭고 신선한 메시지를 담고 있어야 합니다. 그 복잡하고 아슬아슬한 줄타기를 잘해야 좋은 글을 쓸 수 있습니다.

따끔한 한 방
◇ 사운드 바이트 ◇

"그 친구는 다 좋은데 뭔가 부족하단 말이야!"

용 머리를 꺼내는 줄 알았는데, 알고 보니 뱀 꼬리만 흔든 격이
죠. 뒷심이 없다는 것입니다. 이때 부족한 것이 소위 말하는 '결
정적 한 방'입니다.

연설문에도 그 '한 방'이란 것이 있습니다. '이 부분에서 박수
가 나오면 좋겠다' '여기 이 표현만 기억에 남아도 괜찮겠다' 하
는 것들입니다. 언론에서 많이 쓰이는 말로는 '한입 bite'에 쏙 들
어가는 '소리 sound' 뭉치라는 뜻으로 '사운드 바이트 Sound Bite'라고
합니다. 짧게 따서 쓸 만한 중요한 부분을 말하죠.

"닭 모가지를 비틀어도 새벽은 온다"는 정치인의 말, "비 오는 날 빨간 원피스"라는 범죄 현장 목격자의 증언, "그래서 다스는 누구 겁니까?"라는 폐부를 찌르는 질문, 이런 것들이 '사운드 바이트'입니다. 사운드 바이트는 들키고 싶다는 마음으로 일부러 잘 숨겨놓은 보물찾기의 쪽지랑 비슷합니다.

저 역시 '사운드 바이트'를 염두에 두고 씁니다. 제3자의 입장을 상상하면서 '내가 이 말을 들으면 어떤 단어나 표현에 주목할까?' '미디어는 어떤 구절을 헤드라인으로 삼을까?'를 짐작해 보는 겁니다. 그분의 말씀자료가 언제 어떻게 보도자료에 첨부될지 모르니 PD나 기자들이 어떻게 반응할지도 반드시 염두에 두어야 합니다.

물론 사운드 바이트를 아무리 잘 만들어도, 세상은 예상대로 움직이지 않습니다. 어떨 땐 '이건 정말 중요한 메시지야!' '기가 막힌 표현이야!'라고 혼자서 감탄했던 부분들이 몽땅 지워져 돌아오기도 합니다. 크로스 체크를 마쳤으니 사실관계와 논리는 모두 맞았지만, 진짜 문제는 그분이 말씀하시는 것처럼 들리지 않는다는 것입니다. 이럴 땐 심호흡을 크게 하고 다시 써야 합니다.

그분 목소리를 찾는 건 스피치라이터의 숙명입니다. 글 쓰는 것보다 이게 더 어렵습니다. 호흡과 리듬이 저마다 다르고, 즐겨 쓰는 말도 다르니까요. 출신이나 경력에 따라 독특한 어휘나 말투가 있습니다. 자주 사용하는 익숙한 인용구도 있죠. 그분의 책이 있다면 거의 외울 정도로 살펴봐야 하는데, 정치인이 아닌 한 책이 많지도 않습니다.

어떤 분은 "이건 제가 어릴 적, 그러니까 1960년대 말의 이야기입니다 …"라고 스토리텔링을 하는데, 다른 분은 "1960년대에 …"라고 짧게 팩트만 말합니다. 어떤 분은 "미국 스탠퍼드 대학교 교수이자 세계적인 에너지 전문가인 토니 세바Tony Seba 교수는 …"이라며 전문가를 길게 소개하는데, 다른 분은 "제 생각은 이러했습니다. 그런데 토니 세바 교수가《에너지 혁명 2030》에 이렇게 쓴 걸 보고 다시 생각해 봤습니다"라고 평범한 걸 드라마틱하게 말하는 분도 있습니다.

구체적이고 직설적으로 하는 표현이 있는가 하면, 우회적이고 친근하게 하는 표현도 있습니다. 누군가는 직관적이고 유머러스한 비유를 대거나 에피소드를 꼭 넣는 반면, 누군가는 통계와 수치를 대며 논리를 중심에 세우는 걸 좋아합니다. 그 미묘한 차이를 알아채려면 그분과 가깝게 지내야 합니다. 말투라든지 평소의 생각을 가까운 데서 자주 관찰해야 합니다. 그렇지만 안타깝게도 스피치라이터의 현실은 대부분 그렇지 못합니다. 그분과 1대 1로 대화를 나눌 일은 거의 없습니다.

연설문뿐 아니라 다양한 종류의 글을 쓸 때도 '사운드 바이트'가 필요합니다. 앞에 있든 뒤에 있든 아니면 가운데 있든, 어딘가에는 기억에 남는 표현과 내용이 하나쯤은 있어야 합니다. 글 전체를 한마디로 요약할 수 있는 짧은 문장 말입니다. 이게 없으면 "읽긴 읽었는데 기억이 잘 안 나네"라는 황당한 소리가 나옵니다.

독자들은 글을 읽기 시작한 그 순간부터 자신도 모르게 그런 한 방을 기대하고 있습니다. 작가가 조곤조곤 이야기를 잘해도, 어느 순간에는 한마디로 딱 짚어주는 것을 좋아합니다. 상사들은 두 시간으로도 설명하기 힘든 '4차산업혁명 추진전략'이나 '밀레니얼 소비트렌드' 같은 걸 한 장으로 짧게 요약해 오라고 합니다. 바꿔 말하면 한 방을 내놓으란 뜻입니다.

글을 잘 쓰려면 한 줄로 요약되는 핵심point이나 주제theme가 필요하고, 그걸 만들려면 "그래서 어쩌라고?So what?"라는 이 괴팍한 질문과 계속 싸워야 합니다. 지우고 줄이고 버려도 살아남는 문장을 찾아야 합니다.

시나 소설과 같은 문학작품은 그 목적이 좀 애매하고 감춰져 있어도 괜찮은 평가를 받을 수 있습니다. 하지만 논리를 펴거나 현상을 정리하는 비즈니스 라이팅은 주제와 목적이 명확하게 드러나야 합니다. 감동, 정보, 재미 중 당신의 글쓰기 한 방은 어디에 있나요?

틀리고도 큰소리치는 사람들
◇ 맞춤법은 필수, 비문은 최악 ◇

"너무 예민한 거 아냐?" "맞춤법 성애자야?" "알아들었으면 됐지, 까칠하게 왜 그래?"

틀리고도 큰소리치는 이상한 사람들이 많습니다. 변명인지 충고인지 모를 소리를 자꾸 합니다. 미래에는 인공지능과 머신러닝이 그런 것쯤 다 알아서 고쳐준다며 '뜻만 통하면 그만'이라는 혁신적인 사고를 가진 사람도 있습니다.

따지고 들자면 식당 메뉴판, 회사 브로슈어, 포스터, 화장실 명언, 현수막, 단톡방 대화, 심지어 신문기사에도 틀린 문장들이 넘쳐납니다. 아직 글이 서툴게 마련인 초등학생이 아니라, 불혹과

지천명을 넘긴 차장님과 부장님들이 이게 왜 틀렸는지도 모르는 것은 꽤 심각한 문제입니다. 심지어 글 좀 쓴다 하는 분들이 문법과 맞춤법이 틀린 문장을 버젓이 내놓으면 평소 갖고 있던 존경심이 사라져 버립니다. 지금부터 작정하고 좀 복잡해 보이는 이야기를 하겠습니다. 최대한 짧고, 쉽고, 정확하게!

안녕히 가십시요. / 또 들려주세요. / 하루 100그릇 팔아도 적자에요. / 나눔과 베품을 실천합니다. / 좋아진다는 기대와 설레임 / 정답을 맞춰보세요. / 요즘 바빠서 몇일간 정신이 1도 없었어. / 윗집이 너무 시끄러워서 윗층으로 달려갔지 뭐야. / 그런던지 말던지. / 너 머리한데 어디야? / 왜 자꾸 지랄인 지 정말 모르겠어.

'가십시오'는 '가다'라는 동사에 명령이나 권유를 나타내는 종결어미 '-십시오'가 결합된 말입니다. '-요'는 문장 끝에 붙어 '높임'의 뜻을 더하는 보조사입니다. '밥 먹어' '잘 자' '사랑해'라는 예사말을 '밥 먹어요' '잘 자요' '사랑해요' 같은 높임말로 바꿔주는 것이죠. '가십시요'라고 쓰는 것은 '뭔가 더 친절해야 한다'는 강박관념에서 억지로 만든 말입니다. "손님께서 주문하신 커피 나오셨습니다"와 같은 것입니다. '가십시오'는 맞고 '가십시요'는 틀립니다.

'들려주세요'는 '이야기를 들려주다tell a story'라는 뜻입니다. '지나는 길에 잠깐 방문해 달라'는 뜻은 '들러주세요stop by'가 맞습니다. '적자에요'의 '-에요'는 '-예요'로 써야 합니다. '-에요'는 방향이나 장소를 가리키는 조사 '-에For, toward'와 높임의 뜻을 가진 '-요'가 결합한 말입니다. '-예요'는 '-이에요'를 줄인 말입니다. "너 어디가?"라는 질문에 "학교에+요"라고 대답하고, "너 지금 어디야?"라고 물으면 "학교+예요"라고 말합니다.

'나눔'은 맞고 '베품'은 틀립니다. 동사를 명사로 바꾸려면 '-기' 또는 '-(으)ㅁ'을 씁니다. 먼저 동사에서 뜻을 갖고 변하지 않는 부분인 어간語幹과 문법을 결정하고 변하는 부분인 어미語尾를 떼어냅니다. '먹다'를 '먹-'과 '-다'로, '달리다'를 '달리-'와 '-다'로 나누는 거죠. 어간은 동사를 여러 모양으로 바꿀 때 바뀌지 않는 부분입니다. '달리다: 달리고, 달리니, 달리지'에서 모양이 그대로인 '달리-'가 어간입니다. 그다음은 변하지 않는 앞부분에 '-기'나 '-(으)ㅁ'을 붙여 봅니다. 여기서는 혼동하기 쉬운 '-(으)ㅁ'이 붙는 단어를 살펴볼게요. '나누+(으)ㅁ'은 '나눔'이 되고, '베풀+(으)ㅁ'은 '베풂'이 됩니다. '베풀다: 베풀고, 베풀어서, 베풀지'로 모습을 바꾸니까요. 같은 이유로 '힘들다'의 명사형은 '힘듬'이 아니라 '힘듦'이고, '살다'의 명사형은 '삶'이며, '알다'의 명사형은 '앎'입니다. '설레임'은 '설렘'이 맞고요. 힘듬, 삼, 암은 틀린 말입니다.

'맞추다'와 '맞히다'는 입버릇처럼 틀립니다. '맞추다 _{adjust}'는 '서로 떨어진 부분을 제자리에 붙이거나 어긋나지 않게 한다'는 뜻이고, '맞히다'는 '정답을 내다_{guess right}' 또는 '쏘거나 던져 명중시킨다_{shoot}'는 뜻입니다. 주파수는 맞추고 문제는 맞히는 것입니다. 영어로 보면 의미 차이가 분명합니다. 발음은 비슷한데 뜻이 전혀 다른 단어는 그 차이를 정확히 구분해야 합니다. '붙이다/부치다' '들어내다/드러내다' '지양하다/지향하다' '가르치다/가리키다' 같은 것들입니다.

'몇일'은 이 세상에 없는 단어니까 '며칠'로 쓰면 됩니다. '1(일)도 없다'는 '하나도 없다'를 재미삼아 부르다가 요즘에 굳어진 이상한 말입니다. 캐나다에서 자란 외국인 가수 헨리가 "뭐라고 했는지 1도 모르겠습니다"고 답한 데서 비롯됐다고 합니다. 젊은 감각을 보여주기 위해서라면 쓰셔도 되지만 틀렸다는 것은 알고 계세요.

'윗집'은 되지만 '윗층'은 안 됩니다. 뒷말이 된소리나 거센소리, 즉 'ㅍ, ㅌ, ㅊ, ㅋ, ㄲ, ㄸ, ㅉ, ㅃ'일 때는 사이시옷을 안 씁니다. '갯펄'이 아니라 '개펄'이고 '나룻터'가 아니라 '나루터'입니다. '뒷풀이'는 없고 '뒤풀이'는 있습니다. 사이시옷은 앞뒤 두 단어를 이어주는데, 한자와 한자의 결합에는 붙이지 않습니다. '곳간, 셋방, 숫자, 찻간, 툇간, 횟수'만 예외이니 여섯 개만 외우면 됩니다.

'-던'과 '-든'은 기자들도 가끔 틀립니다. 심지어는 J일보와 C 일보 그리고 H신문에서도 종종 눈에 띕니다. '-던'은 과거의 어떤 행위를 말하고, '-든'은 선택의 문제입니다. '밥을 먹었던 곳'은 맞지만 '밥을 먹었든 곳'은 틀립니다. '그러던지 말던지'는 틀리고 '그러든지 말든지'는 맞습니다.

'-데'는 의미로 구분됩니다. '밥 먹는 데'와 '밥 먹는데'는 그 자체로는 둘 다 맞습니다. '-데'가 '장소'의 뜻을 가진 의존명사로 쓰이면 띄어 써야 하고, '그런데'의 줄임말이면 붙여 씁니다. '너 밥 먹는 데 어디야?Where do you eat?'라고 쓰고, '너 밥 먹는데, 전화해서 미안해I'm sorry to call you when you're eating'라고 씁니다.

'-지'도 마찬가지입니다. '우리가 만난지'와 '우리가 만난 지'는 둘 다 맞는데, 의미로 구분됩니다. '-지'가 '기간'을 뜻하면 띄어 쓰고 연결어미로 쓰이면 붙여 씁니다. '우리가 만난지 모르는 것 같아I don't think he knows we've met'라고 쓰고, '우리가 만난 지 벌써 1년째야It's been a year since we met'라고 씁니다.

더 심각한 것은 교묘하게 틀린 '비문非文'입니다. '몽땅연필' '떡뽀끼' '아기되지'라고 쓴 것과는 전혀 다른 문제죠. 비문은 주로 문장이 길어지면서 주어와 서술어, 목적어와 서술어가 호응하지 않아서 생깁니다. '비전 달성을 하루빨리 이뤄지도록 전 직원이 마음을 모아야 합니다'라고 쓰는 건 주술 호응이 틀린 문장입니다. '이 식당을 맛있다고 생각한다'는 서술어와 목적어가 맞지 않는 경우입니다.

목적어를 겹쳐 쓰면서, 목적어와 서술어가 어울리지 않는 경우도 자주 있습니다. '신발과 옷을 입다'라거나 '부정부패 및 소통 강화'라고 쓰는 경우입니다. 신발은 신고 옷은 입습니다. '강화하다'의 목적어가 소통은 맞지만 부정부패는 아닐 겁니다. 결국 좋은 글은 문장 성분이 잘 어울리고 각자 제 위치에 있을 때 자기 역할을 합니다.

길을 걷다가, 대화를 나누다가, 심지어 신문을 보거나 책을 읽다가도 틀린 맞춤법과 비문을 종종 발견합니다. 내로라하는 S사와 L사, P사 기업 홈페이지의 'CEO Message'에서 비문을 본 적도 많습니다. 명성이 아깝습니다.

자격도 없는 제가 '일해라 절해라'(이래라 저래라) 하다가 괜히 '골이따분'(고리타분)하다는 소리를 듣긴 싫지만 그걸 '구지'(굳이) 캡처해서 회사 대표 이메일로 보냈습니다. 이런 문장이 자꾸 보이면 '실례도'(신뢰도)가 확 떨어집니다.

맞춤법과 주술 호응은 지키면 좋고 아니어도 괜찮은 게 아닙니다. 형식이 수준 이하면 내용까지 의심받기 마련입니다. 문장이 엉망인데, 그 안에 담긴 콘텐츠가 훌륭했던 경우를 본 적이 없습니다. 비문은 피해야 하고, 맞춤법은 지켜야 합니다.

이효리가 큰 소리로 읽는 이유
◇ 낭독의 힘 ◇

    1998년 핑클 1집 앨범 〈블루 레인〉으로 데뷔한 이효리는 아이돌 상업 가수를 넘어 싱어송라이터로 변신하더니 이제는 소신, 개념, 자연주의라는 '문화 아이콘'으로 자리 잡은 것 같습니다. 가끔씩 인스타그램에 근황을 남기는 것만으로도 대중들은 크게 반응하고, 남편 이상순과 함께 사는 제주도의 한적한 마을 소길리는 한순간에 핫한 여행지로 바뀝니다.

    생존 신고용으로 인스타그램에 올리는 몇 장 안 되는 사진들은 20대 전성기에 보여줬던 섹시, 도발, 매혹과는 거리가 좀 있어 보입니다. 대체로 요가, 반려동물, 화장, 자연, 요리와 같은 일상

풍경이 많은데 그중 눈에 띈 건 책 읽는 모습이었습니다. 화징기 없는 수수한 얼굴로 책을 펴고 앉은 자세가 꽤 자연스럽고 편안해 보였습니다.

그녀를 다시 보게 된 것은 2019년 JTBC에서 방영한 〈캠핑클럽〉에서였습니다. 우연히 채널을 돌리다 만났는데 해체 14년 만에 핑클 완전체로 돌아왔다고 하더군요. 이진, 성유리, 옥주현을 한 화면에서 한 번에 보니 반갑기도 했고, 그들도 우리처럼 나이 들고 있다는 데 동질감을 느끼기도 했습니다. 성유리는 여전히 아름답고, 옥주현은 더 건강해졌고, 이진은 귀엽고 친근했습니다.

〈캠핑클럽〉에서 핑클 멤버들은 강원도 인제의 원대리 자작나무숲, 전남 신안 우전해변, 충남 태안 신두리 해안사구, 인천 소래습지 생태공원과 같은 숨겨진 자연을 찾아다닙니다. 어느 날 아침에 이효리가 시 한 편을 큰 소리로 읽어줄 테니 다들 잘 들어보라고 합니다. 새벽 감성을 꾹꾹 눌러 쓴 자작시라는 소개도 잊지 않습니다.

아침은 새를 노래하게 하고, 바람은 나무를 춤추게 한다.
높은 해는 풀잎을 자라게 하고, 노을은 모두를 아름답게 한다.
내가 있기에 네가 있고, 네가 있기에 내가 있다.
그러니 까불지 말자.

시(詩) 쓰는 여자
이효리

이효리가 자못 진지하게 시를 읊습니다. "오, 괜찮은데!" "그게 뭐야. 효리, 너무 웃겨!" "오늘 방송 콘셉트야?" 멤버들이 다양한 반응을 보입니다. 그중에는 '까불지 말자'라는 표현과 발음이 너무 세다는 의견도 있습니다. "흠, 그래? 좀 그런가? 좀 바꿔볼까? '나대지 말자!' 이건 어때?" 이효리는 즉석에서 마지막 시어를 바꾸고는 꽤 맘에 들어 합니다.

이효리가 보여준 모습은 글쓰기의 마지막 과정인 '낭독'과 닮아 있습니다. '소리 내어 읽기'는 어린애들이 말과 글을 처음 배울 때나 하는 훈련이라고 생각하기 쉽지만 그렇지 않습니다. 써둔 글을 소리 내서 읽으면 이 문장이 좋은지 아닌지를 직감적으로 알 수 있습니다. 눈으로만 읽는 것보다 입과 귀와 눈의 감각을 동시에 사용하면 더 좋은 표현을 찾아낼 수 있습니다.

'글[文]'은 원래 '말[言]'이 되기 위해 존재합니다. 제가 주로 쓰는 연설문은 특히 더 그렇습니다. 예전에는 공식적인 자리에서 쓰일 그분의 말씀을 온통 '-다' '-나' '-까'의 정돈된 문어체로만 썼습니다. 하지만 요즘은 일부러 '-요' '-고' '-는데'를 붙여 입말을 살리기도 합니다. 그러면 더 친숙하고 생생하게 들리거든요.

연설문을 포함한 모든 글은 낭독해 보는 것만으로도 몰라보게 좋아집니다. 소리 내어 읽으면 평소에 그냥 흘려버린 '문장의 호흡'을 생생하게 확인할 수 있습니다. 어떤 부분이 어색한지, 어디를 더 강조해야 하는지, 이 부분을 대신할 더 좋은 표현은 없는지, 뭘 빼야 하는지, 독자의 마음속에서 어떤 화학작용이 일어날지, 그런 것들이 한눈에 보입니다. 단어 하나, 마침표 하나가 주는 리듬의 차이를 느낄 수 있습니다.

소리 내어 읽으면 글쓰기에서 가장 어렵다는 퇴고推敲가 쉬워집니다. 오늘 다 썼으면 거기서 끝내지 말고, 반드시 내일 소리 내어 읽어보세요. 입술이 망설이거나 숨이 차는 지점이 분명 생깁니다. 몇 번이나 읽었지만 어느 부분을 수정해야 할지 모르겠다는 사람들도 있는데, 읽다가 버퍼링이 자꾸 생기는 그곳이 바로 고쳐야 할 문장입니다. 좋은 글은 읽기 편하고, 읽기 편한 글이 좋은 글입니다.

함석헌 선생의 시
<그 사람을 가졌는가>
◇ 첫 번째 독자 ◇

"오산五山고등학교를 나왔다"고 하면 "아, 경기도 오산烏山에서 서울로 이사 오신 거예요?"라고 묻는 사람들이 꽤 있었습니다. "아뇨, 용산구 한남동 쪽에 있어요. 한남동은 또 어디냐고요? 그게, 이태원 옆이에요. 순천향병원 있는 곳요." 지금이야 한남동이 제법 알려진 동네이지만, 2000년대 초반만 해도 한남동은 어른이 되고 싶어 안달 난 꼬마 아이였습니다.

잠수교를 앞에 둔 오산학교는 중·고등학교가 붙어 있고, 강남과 강북이 기묘하게 섞여 있습니다. 지금은 재개발 노른자로 유명한 한남동 제3구역 토박이들이 오산학교 학생의 절반이고, 4분의 1은 보광동과 옥수동, 나머지는 반포와 논현에서 건너왔습니다. '하하'라는 이름으로 활동하는 '하동훈'은 강남에서 넘어온 오산고 동창 중 하나였습니다. 그때는 서로 잘 모르고 살았지만, 저는 3학년 1반이었고, 하동훈은 4반이었죠.

학교 다닐 때 귀에 피가 날 정도로 들었던 첫 번째 인물은 오산학교를 세운 '남강 이승훈 선생'이었고, 두 번째는 '소월 김정식 시인' 그리고 세 번째가 '씨알 함석헌 선생'이었습니다. 매점에 가는 어느 한편에 함석헌 선생의 동상이 세워져 있는데, 당시에는 그분을 그저 단정한 저고리 차림에 수염이 덥수룩한 무서운 할아버지 정도로 생각했습니다. 모교인 오산학교의 11대 교장선생님이셨다는 것은 나중에 알았습니다.

종교인이자 사상가이고, 인권운동가이자 시인이었던 그분의 흔적을 우연히 다시 보게 된 것은 대학로 마로니에 공원에서 마주한 시비詩碑였던 것 같습니다. 4호선 혜화역 1번 출구를 나와 종로 쪽 KFC 방향으로 열 걸음 정도만 내딛으면 왼쪽 편 커다란 돌에 시가 새겨져 있는데, 제목이 〈그 사람을 가졌는가〉입니다.

만리길 나서는 길 / 처자를 내맡기며 / 맘 놓고 갈 만한 사람 / 그 사람을 그대는 가졌는가 / 온 세상 다 나를 버려 / 마음이 외로울 때에도 / '저 맘이야' 하고 믿어지는 / 그 사람을 그대는 가졌는가 / 탔던 배 꺼

도대체 그 사람이 누구이기에 처자를 내맡기고 구명대를 사양
하는 건지 궁금할 법도 한데, 스무 살 갓 넘은 그 당시의 저는 '오
늘 소개팅에 누가 나올까?' 하는 핑크빛 생각뿐이었습니다. 맘에
쏙 드는 그분이 나오신다면 저도 그분께 모든 걸 드릴 수 있을 것
같았습니다.

함석헌 선생을 세 번째로 만난 것은 결혼 후 이곳저곳을 떠돌
다 한남동에서 수유동으로 이사 온 뒤였습니다. '둘리뮤지엄'이
란 게 새로 생겼다기에 아이들과 구경을 가다가 그 주변에 있는
'함석헌 기념관'을 지나가게 됐습니다. 잠시 들러 〈그 사람을 가
졌는가〉라는 시를 다시 읽었습니다.

'그 사람'은 사랑을 시작한 이에겐 연인이고, 민족투사에게는
나라일 겁니다. 글 쓰는 사람에게 '그 사람'은 '최초의 독자'가 아
닐까 싶습니다. 내 글을 처음 보여줄 수 있는 사람, 내 글을 처음
보여주고 싶은 사람. 그 사람은 글을 쓰는 사람이어도 좋고 아니
어도 괜찮습니다. 내가 어떤 글을 보여주더라도 감정적으로 조롱
하거나 무자비하게 비난하지 않을 거라는 믿음을 주는 그런 사

람, 따뜻한 온기와 응원을 건넬 그런 사람 말입니다.

'최초의 독자'는 가족이거나 친구일 수 있습니다. 선후배 또는 동료일 수도 있습니다. 오프라인 친구일 수도 있지만, 요즘은 페이스북에서 만난 누군가 또는 단톡방 대화 상대일 수도 있겠죠. 심지어 그 누군가가 나 자신일 수도 있을 겁니다. 하지만 가급적이면 눈으로 보고 만질 수 있는 내가 아닌 존재라면 더 좋습니다. 그래야 이야기를 주고받으며 반응을 살필 수 있거든요.

무라카미 하루키는 그런 존재가 아내라고 했습니다. 아내에게서 뭔가 지적을 받으면 아무리 혼자서는 잘 썼다고 생각했더라도 그 부분을 어떻게든 고치거나 새로 쓴다고 합니다. 변명하고 싶거나 억울할 때도 있겠지만, 그렇게 한 번 더 고칠 때마다 글이 이전보다 확실히 좋아지니 변명할 것도 억울할 것도 없다는 상남자입니다.

저도 연설문을 쓰면 일부러 제3자에게 꼭 봐달라고 합니다. 이 글과 안전한 거리에 있으면서도 숨겨진 맥락을 어느 정도 이해할 만한 사람을 한두 명 꼭 섭외합니다. 그 사람이 어색해하면 사장님도 그럴 것이고, 연설을 듣는 직원들도 아리송할 테니까요. 뭐랄까, 리트머스 시험지에 시험용액을 떨어뜨리는 것과 비슷합니다.

저는 지금 걱정이 많습니다. 이 책의 원고를 곧 아내에게 보여 줄 생각이거든요. 아마도 여러 반응을 보일 겁니다. 볼을 꼬집으며 특급칭찬을 할 수도 있고, 눈썹 사이를 찌푸리며 '흠, 이건 좀 아닌데'라고 말할지도 모르겠지만, 무관심하거나 비난하지는 않을 겁니다.

제가 아는 가장 확실한 반응은 이겁니다. "우아, 이걸 정말 다 쓴 거야? 대단하네!" 그게 뭐라고 괜히 으쓱해집니다. 이런 기분이 바로 글 쓰는 맛입니다. 글의 구성을 제대로 세웠고, 한 방도 심었고, 맞춤법을 잡고 비문도 골라냈고, 큰 소리로 여러 번 낭독하기도 했으니 내가 할 것은 다 했습니다. 이젠 딱 하나, 그 사람을 찾아가는 것만 남았습니다. 행운을 빌어 봅니다.

Part 4

꽉 막혀
버린 글을
뻥 뚫는
방법

Writer's Pick

그 일을 직업으로 삼고 싶었기 때문이 아니라 낙후된 시
골이나 세상의 똥구덩이 같은 곳에 잠깐씩 들어가 보면
거기서 어김없이 재미난 것을 발견하고 기대하지도 않았
던 것을 배울 수 있기 때문이다. (중략) 그 여름에 그들과
어울렸던 기억은 아직도 내 상상력에 거름을 주고 있다.

《빵 굽는 타자기》 폴 오스터

청와대는 멋진 말글 창고다
◇ 문제은행과 모범답안 ◇

뭘 물어봐도 척척 대답하는 머리 큰 친구가 있었습니다. 별명이 정답은행이었는데, 하품하듯 서울대에 들어갔습니다. 모르는 게 없고 친절해서 도라에몽의 마법 주머니 같았습니다. 연설문을 쓰다가 앞이 보이지 않을 때 '내게도 비밀노트가 하나 있으면 얼마나 든든할까?' 하는 생각을 가끔 합니다. 글자의 숲에서 한참 방황하다 마침내 그런 친구를 만났습니다. '대통령기록관'과 '청와대 홈페이지'입니다.

대통령기록관

청와대 대통령 연설문

'대통령기록관'에는 시대의 큰 흐름을 보여주는 역대 대통령의 연설문 자료들이 잘 분류되어 있습니다. 연설문은 국정 전반, 정치·사회, 산업·경제, 외교·통상, 국방, 환경, 과학기술, 문화·체육·관광 등 주제별로 구분되어 있습니다. 특정 키워드만 입력하면 원하는 정보를 뚝딱 찾아낼 수 있습니다.

여기에는 총 6,700여 개의 말씀자료가 모여 있습니다. 유형별로 골라볼 수 있는데, 취임사만 살펴보면 '국민'을 호칭하는 표현이 시대별로 조금씩 다르다는 것을 쉽게 알 수 있습니다.

이승만 대통령이 취임하고 1960년대 초반까지는 '국민'이라는 단어가 아예 생략되거나 '동포 여러분' 등으로 불리기 일쑤였습니다. 아무 인사말도 없이 대통령 지시사항이 바로 나오기도 했습니다.

'3천만 동포'라는 말은 1960년대 들어 처음 등장했다가 산업화와 베이비붐 세대를 거치면서 '6천만 국내외 동포'로 바뀌었습니다. 국민 앞에 '존경'과 '사랑'이라는 수식어가 붙기 시작한 것은 2000년대 초반입니다.

이렇게 입버릇처럼 내뱉는 말 하나에도 인구통계학적 변화와 대통령이 국민을 바라보는 방식과 눈높이 차이가 그대로 드러납니다. 우리나라의 위상과 정부의 역할 변화에 따라 대통령 취임사에 담긴 시대정신이 '법과 질서'에서 '국방·외교' '경제·산업' 그리고 '국민 행복과 소통'으로 점점 달라지는 것도 흥미롭습니다.

현직 대통령의 말과 글은 청와대 홈페이지에서 찾아볼 수 있습니다. '대통령의 말과 글'이라는 게시판에는 3·1절, 광복절, 현충일 같은 국가기념일 기념사는 물론이고, 금메달을 딴 평창동계올림픽 선수에게 보내는 축하의 말과 갑작스런 사고를 당한 국민에게 건네는 위로의 글도 올라옵니다.

새해 첫날과 설날, 추석 같은 명절이나 여성의날, 바다의날, 무역의날, 경찰의날에도 그 '말씀'이 꼭 있었습니다. 세계가 주목한 판문점 선언과 만찬 환영사도 그날 바로 언론과 동시에 청와대 게시판에 공개됐습니다. 분량은 일주일에 서너 개쯤 되니 그리 부담스럽지도 않습니다.

대통령 말씀이 매력적인 또 하나의 이유는 공짜라는 점입니다. 저작권 없이 현직부터 역대 대통령의 말씀을 언제든지 살펴보고 누구든 저장할 수 있습니다. 신문이나 역사책을 찾아보지 않아도, 이것만 챙기면 그 당시 국내외 이슈와 트렌드를 저절로 알 수 있습니다. 글쓰기 책을 따로 사거나, 참고자료를 찾느라 검색 사이트를 뒤지는 일이 절반으로 줄어듭니다. 참고로 저는 지금 '정치' 이야기를 하는 게 아닙니다. '글' 이야기를 하고 있습니다.

문재인 대통령의 말씀자료는 이전 대통령들과 비교할 때 좋은 말과 글의 조건들을 충실하게 따르고 있습니다. 첫 번째로 일단 쉽습니다. 전문용어를 최대한 자제하고 어렵게 말하지 않습니다. 인공지능의 쓸모를 설명할 때 "새벽에 쓰러진 어르신이 인공지능 스피커에 대고 '살려줘'라고 외친 메시지가 119로 연결돼 목숨을 구했다"는 사례를 먼저 꺼냅니다.

노동의 가치와 존엄을 이야기할 때는 "아버지의 손톱에 긴 기름때는 삶을 지탱합니다. 어머니의 손톱 밑 흙에서는 희망처럼 곡식이 자랍니다"라고 말합니다. 여기에 그치지 않고 숫자와 통계를 통해 부족할 수 있는 데이터와 팩트를 뒷받침합니다. 논리와 감성 사이에서 글의 균형을 잡으려는 노력입니다.

두 번째로 '리드미컬'합니다. 긴 문장과 짧은 문장을 적절하게 배치하면서 문장의 앞뒤를 단단하게 연결하고 있습니다. 부득이 길게 썼다면 그다음은 꼭 짧게 치고 나가는 모습을 보여줍니다. 서로 다른 호흡이 문장 안에서 만나면서 리듬이 생겨나고 속도와 장단이 붙습니다. 그 말을 듣는 사람은 자기도 모르게 박자를 탑니다.

문 대통령의 말과 글에는 "촛불은 위대했습니다."(촛불집회 1주년) "그것이 애국입니다."(현충일) "인공지능은 인류의 동반자입니다."(인공지능 회의 현장 방문) "오늘의 우리는 과거의 우리가 아닙니다."(광복절) "다시는 일본에게 지지 않을 것입니다."(국무회의)처럼 유난히 짧은 문장이 긴 문장 사이에 서너 개씩 꼭 들어 있습니다.

세 번째로 체온이 담겨 있습니다. '장진호 전투 기념비 헌화사'에서 문 대통령은 자신이 실향민의 아들이라고 말합니다. 숨기지 않고 솔직히 쓰면 글이 한층 더 생생해집니다. 이렇게 하면 단어에 감정이 실리고 입체적인 표정이 생겨납니다.

체온을 담기 위해 때로는 익숙한 표현을 버리고 일부러 조금 낯설게 쓰기도 합니다. 문 대통령은 "감사합니다"라는 그 흔한 외교적 제스처가 아니라 "크리스마스 선물로 준 사탕 한 알에 따뜻한 마음이 담겨 있었다"고 적었습니다. 이전까지의 대통령 연설문에서 좀처럼 보기 힘든 새로운 시도입니다.

그다음으로 중요한 것은 글에 '진심'을 담는 겁니다. 내가 믿고 있는 것, 내가 알고 있는 것, 내가 해본 것, 정말 알려주고 싶은 것들을 이야기해야 합니다. 나부터 좀 의심스럽고, 나도 잘 모르겠고, 나도 처음이고, 군이 알아도 별 소득이 없는 것들을 꾸역꾸역 쓰는 건 독자의 귀한 시간을 뺏는 겁니다.

가끔씩 회의에 들어가 보면 딱히 궁금하지도 않으면서 남들이 다 하니까 의무감에 질문하는 경우를 종종 봅니다. 정말로 궁금한 게 아니니까 질문이 궁색하고 깊이가 없습니다. 대답을 들으려고 물은 게 아니니까 상대방도 애써서 설명하지 않습니다.

별로 쓰고 싶지 않으면서 쓰는 글이 딱 이런 모양새입니다. 글을 쓰기는 써야겠는데 귀찮으니까 준비를 게을리하게 됩니다. 준비를 안 하니까 쓸거리가 딱히 없고, 쓸 게 없으니까 주제가 흐릿해집니다. 어딘가에서 봤던 그럴 듯한 내용을 억지로 잔뜩 붙여 분량을 채워보지만, 그럴수록 문맥이 어지러워집니다.

글에 진심이 담기지 않으면 표현도 점점 애매해지고 기괴해집니다. '~일 것 같다' '~라고 생각된다' '~라고 한다'는 투의 흐릿한 문장을 양심도 없이 몇 문장씩 이어가거나, 별 노력도 하지 않고 고전 속담이나 전문가의 말을 과도하게 인용합니다. 이런 글을 우연히라도 읽으면 짜증과 피로감이 몰려옵니다.

좋은 글을 쓰려면 '저렇게 쓰고 싶다'라는 나만의 롤모델을 하나쯤은 가지고 있어야 합니다. 스피치라이터인 저는 대통령연설기록관과 청와대 연설문을 항상 가까이 두는데, 그게 누군가에게는 좋아하는 문학작품이거나 영화의 명대사일 수 있고, 어쩌면 노랫가사일 수도 있습니다. 쓰고 싶은 글이 있다는 것만으로도 내 글이 확연하게 좋아집니다. 막혔던 글이 스르륵 풀립니다. 글쓰기가 힘들 때 찾아갈 곳을 여러 개 만드는 게 중요합니다.

라이터스 블록을 깨는 방법
──◇ 디지털 검색, 버리는 글, 명언록 ◇──

제때 글을 쓰지 못하는 것은 끔찍한 공포입니다. 퇴근이 늦어지고, 주말에 출근해야 할지 모르고, 휴가를 반납해야 하고, 자리가 없어지는 슬픈 상황까지 벌어집니다. 저도 지금까지는 어떻게든 써냈지만, 그렇지 못한 상황을 상상만 해도 심장이 쫄깃합니다.

갑자기 글이 써지지 않는 현상을 '라이터스 블록 Writer's Block'이라고 합니다. 스피치라이터의 생존을 심각하게 위협하는 일이죠. 이걸 깨는 첫 번째 방법은 디지털 검색입니다. 회사나 CEO 관련 키워드들을 '네이버 홈 주제' 설정이나 '구글알리미Google Alerts'에 신청을 해뒀습니다. 둘 다 무료로 편리하게 사용할 수 있습니다.

'네이버 홈 주제 설정'은 네이버 검색창 메인에서 우측 집 모양의 아이콘을 누른 다음 경제, 책·문화, JOB&, 건강, 푸드, 웹툰·뿜, 쇼핑 같은 주제를 사용자가 원하는 대로 추가하거나 순서를 바꾸는 기능입니다. 자주 살펴보는 키워드가 있다면 홈 화면에 '바로가기'를 깔아둘 수도 있습니다.

'구글알리미'는 등록된 키워드가 포함된 기사가 뜨면 정해진 이메일 주소로 보내주는 기능입니다. 구글이나 네이버에서 '구글알리미'를 검색하시면 됩니다. 하루에 한 번씩 모아서 받아볼 건지, 그때마다 받아볼 건지 수신 빈도를 정할 수도 있습니다. 비슷한 기사가 여러 개라면 대표 기사를 먼저 보고, 필요한 경우에만 눌러 확인하면 됩니다.

두 번째 방법은 아날로그 방식으로 자료를 모으는 것입니다. 조금 번거롭지만 훨씬 더 쓸모가 있습니다. 저는 글을 쓸 때 파일을 항상 두 개씩 열어둡니다. 편의상 하나를 '쓰는 원고'라 부르고, 다른 하나는 '버리는 원고'라고 이름을 붙여둡니다. 지금 쓰는 글에는 맞지 않지만 언젠가 쓸모 있을 거라고 생각되는 자료들을 여기에 몽땅 모아두는 것이죠. 이게 많이 모이면 나중에 꽤 훌륭한 도서관 기능을 합니다.

↑ ▌ > 회사에서 글을 씁니다

회사에서 글을 씁니다(버리는 글)   회사에서 글을 씁니다(원고 작업)

'쓸모없어 버린 글을 왜 모아두냐'는 분들이 계신데 실제로는 그렇지 않습니다. 맥락을 해칠까 봐 그때 그 글에는 차마 사용하지 못했지만, 나름대로 고민하면서 선별해둔 자료들입니다. 제법 날카로운 논리와 신선한 사례들이 담겨 있어 다른 문장에 들어가면 제값을 톡톡히 해냅니다.

이 책을 쓰면서도 많은 글들을 버렸습니다. '스피치라이터가 생각하는 글은 상품이다'라는 주제로 쓰는데, '스피치라이터의 역사'만 가득 정리하기도 했습니다. '외롭고 간절해야 쓴다'는 이야기를 하다가 곁가지로 빠져 봉준호 감독의 작품세계를 썼습니다. 문단 하나를 몽땅 들어낸 적도 여러 번입니다.

아깝지만 미련 없이 버립니다. '버리는 글' 폴더가 가득 차는 것을 헛수고라고 자책하지 말고, 그만큼 군살이 빠졌다고 생각하세요. 나중에 분명 '스피치라이터의 역사'나 '봉준호 감독의 작품세계'를 써야 할 때가 한 번쯤 생길 수도 있습니다. 그때 이것들을 꺼내면 됩니다. 여기서 딱 맞는 글을 우연히 찾으면 오랜만에 꺼낸 옷 주머니에서 꼬깃꼬깃한 1만 원짜리 지폐를 찾은 것처럼 기분이 좋아집니다.

하루키는 글감 찾는 방법을 '머릿속 서랍에서 필요한 물건을 꺼내는 일'에 비유했습니다. 뭔가 이상하고 고개를 갸웃거리게 하는 현상, 수수께끼 같은 사건, 사소하지만 삶의 비밀을 담고 있는 이야기들을 채집해 날짜, 장소, 분위기 같은 것으로 라벨에 붙이고, 그것들을 머릿속 캐비닛 안에 차곡차곡 넣어둡니다.

나중에 소설을 쓸 때 '아, 그게 거기 있지!'라며 먼지를 툭툭 털어 큰 틀에 맞춰 조립만 하면 이야기 하나가 척 만들어진다고 합니다. "기억만 해두었다가 잊어버리면 어떻게 하냐"고 묻자 "어차피 잊어버릴 거면 별로 중요하지 않은 것일 테니 괜찮다"라고 대답합니다. 우문현답愚問賢答입니다.

하루키는 정해진 마감이 따로 없을 테지만, 저처럼 월급 받고 매일 글을 써야 하는 사람은 그럴 배짱이 없습니다. 자료를 찾지 못할까 봐 항상 불안합니다. 버리는 글만 따로 모은 폴더까지 만들어 둔 다음에야 겨우 안심합니다. 클라우드에도 저장해 놓은 다음부터는 뭔가 찾아야 할 때 어디서든 검색어만 입력하면 되니 편리해졌습니다.

세 번째는 팬심으로 그분만의 '명언록'을 만드는 겁니다. 저는 엑셀 파일에 그분의 말씀을 수집해 둡니다. 언제, 어디서, 무슨 말을 했는지 가능하면 '워딩' 그대로 씁니다. '~하십시다'라는 독특한 말버릇과 '~하지만 ~하고, ~하면서도 ~하다'라는 얼핏 기묘한 표현들을 날것 그대로 적어둡니다. 산만하게 여기저기 뿌려진 그분의 말씀을 엑셀 파일 안에 몇 개의 카테고리로 묶어 놓으면 그게 글쓰기의 든든한 자산이 됩니다.

'디지털 검색' '버리는 글 창고' '명언록' 저는 이 세 가지 방법으로 어떻게든 일정 수준 이상의 글을 제시간 내에 써 왔습니다. 그 덕에 자정이 넘기 전에 항상 퇴근했습니다. 운이 좋아서 캔맥주를 한 잔 할 수도 있었습니다. 이렇게 해두면 글이 잘 안 써지는 날은 있어도 제때 못 쓰는 날은 없습니다.

⟨日刊 이슬아⟩와 ⟨週刊 태이리⟩
◇ 나 아닌 사람과의 약속 ◇

    요즘 글쓰기 분야에서 단연 독보적인 존재는 이슬아 작가입니다. 저보다 어리지만 배울 점이 많습니다. 하루 500원, 한 달 1만원에 수필을 이메일로 직접 보내주는 신개념 온라인 잡지 ⟨日刊 이슬아⟩를 2018년 2월 창간했습니다.

    이슬아의 독자모집 포스터를 받아보고 깜짝 놀랐습니다. '아무도 청탁 안 했지만 매일 뭐라도 써서 보낸다'는 도발적 카피가 크게 박혀 있었습니다. 처음에는 20대의 치기 어린 장난쯤으로 여겨졌지만, 글쓰기 시장은 이슬아 작가에게 뜨겁게 반응했습니다. 곧 끝날 것 같던 이 '셀프 연재' 프로젝트는 2년간 계속됐습니다.

학자금 대출을 갚으려고 시작했다는 그녀의 도전은 확실하게 성공했습니다. 두 달쯤 글을 받아보던 저는 막연한 호기심과 야릇한 질투를 느껴 〈週刊 태이리〉 매거진을 개설했습니다.

〈日刊 이슬아〉는 누드모델이자 글쓰기 교사이자 잡지사 기자인 이슬아 본인의 이야기를 진술하게 들려주는 콘셉트입니다. 엄마 복희의 이야기를 중심으로 자신의 은밀한 이야기들과 할아버지 할머니의 젊은 시절이 그대로 다 나옵니다.

이걸 벤치마킹한 저는 〈週刊 태이리〉의 콘셉트를 '스피치라이터가 들려주는 글쓰기 비법'으로 잡았는데, 그게 문제였나 봅니다. 힘들게 썼는데 재미가 없습니다. 그래도 이왕 시작한 거 조금 더 해봐야겠다는 오기가 생겨 계속 썼습니다. 믿을 만한 분들에게 조심스럽게 부탁하고 때로는 은근한 협박도 해서 유료 구독을 구걸하기도 했습니다. 저를 불쌍히 여기거나 응원해 주는 서른 명의 지인들이 속는 셈 치고 구독료로 한 달에 3천 원에서 1만 원씩을 보내줬습니다. 다 모아보니 10만 원 조금 넘었습니다.

텍스트만 보내려니 좀 심심해서 가독성 좋은 글쓰기 플랫폼을 찾아봤습니다. 그때 카카오 브런치에도 처음 가입했습니다. 브런치는 화면 구성은 참 좋은데 수익모델이 아니다 보니 유료 독자와 무료 독자를 구분할 수 없는 아쉬움이 있었습니다. 이미 받은 구독료를 돌려주기도 민망해서 궁여지책으로 신청곡을 받듯 유료 독자의 '신청글'을 받았고 그들이 원하는 주제로 계속 썼습니다.

나중에는 스피치라이터 이야기가 좀 진지해진다 싶어 '한남동 원주민'이란 이름으로 제 고향 이야기를 격주로 털어놨습니다. 그중 '이재용이 한남동 사는 이유'라고 쓴 글은 일주일도 안 돼 누적조회 수가 9만 6천 회를 넘겼습니다. 연일 히트를 치는 글은 '스피치라이터'가 아니라 '한남동'이었습니다. 주제를 바꿔야 하나 심각하게 고민해야 했습니다.

랭킹	글 제목	조회
1	이재용이 한남동 사는 이유 Dec 13. 2018	96,099
2	'글 쓰는 인간'이 온다 Aug 01. 2018	37,242
3	아무나 모르는, 그 한남동 May 24. 2018	37,137

하루에도 수십 번 알람이 울리면서 조회 수를 갱신하니 정신이 없었습니다. 진지한 글보다 재미로 툭 올린 글에 독자들이 더 반응하는 아이러니한 상황이었죠. '제가 하고 싶은 말'과 '사람들이 궁금해하는 이야기'는 다를 수 있다는 것을 새삼 느꼈습니다.

3개월 이상 장기 유료 독자들에게 기프티콘을 구독 선물로 주고 회사에서 언젠가 받았던 영화 쿠폰도 내놨습니다. 독자가 원하는 글 한 편을 대신 써주는 재능 기부도 하다 보니 매달 수고가 너무 커졌습니다. 구독료를 분명 받긴 했는데 정산해 보면 항상 적자였죠. 제때 써내느라 스트레스도 꽤 받았습니다. 심지어 수요일 마감을 맞추느라 밤을 새거나 연차를 낸 적도 있습니다.

가끔씩 주변에서는 '돈도 안 되고 고생만 하는 걸 왜 하느냐?'고 물었습니다. 이 질문에 멋지게 대답하려면 영국의 산악인 조지 맬러리George Mallory의 명언을 인용해야 합니다. "거기에 산이 있으니까Because it is there." 저는 마감deadline이 있으니까 쓸 수 있었습니다. 게다가 얼마간의 돈이라도 분명 받고 나니 책임감이 생겨 끝까지 글을 썼습니다.

비록 〈週刊 태이리〉가 〈日刊 이슬아〉처럼 유명해지지는 못했지만, 고생만 한 것은 아닙니다. 장난처럼 시작한 글 하나가 둘이 되고 셋이 되었고, 지금 이 책을 쓸 힘도 거기서 생겼으니까요. 글이 잘 써지지 않을 때는 저처럼 글을 꼭 써야 하는 환경을 일부러 만들어 버리는 것도 좋은 방법입니다. 다음 책은 아마도《아무튼, 한남동》이 될 것 같습니다.

'오늘은 꼭 써야지'라는 나 자신과의 약속을 자꾸 어기고 있다면 다른 사람과 공개적으로 약속해 보세요. 그리고 소소한 돈을 걸어보세요. 자본주의는 생각보다 무섭습니다. 돈을 걸면 어떻게든 써집니다. 마감과 돈만큼 강력한 동기부여는 없습니다.

명당은 가까운 곳에 있다
◇ 글쓰기 루틴의 힘 ◇

퇴근하면 주로 가벼운 운동을 하거나 술을 마시는 날이 많습니다. 그렇지 않은 날에는 주변 도서관이나 카페에 들러 노트북을 켜죠. 이때는 업무가 아니라 내 이야기를 씁니다. 밤늦게 카페에 혼자 남아 글쓰기에 몰입하는 이 순간은 회사의 여러 부속품 중 하나가 아니라 '온전히 나로 사는' 소중한 시간입니다.

어디를 가든지 본격적으로 글을 쓰기 전에 꼭 하는 일이 몇 가지 있습니다. 빨간색 작가 명함을 여러 장 꺼내 가장 잘 보이는 곳에 놓고, '나는 잘나가는 작가다'라고 스스로를 몇 분간 다독거립니다. 작가 명함은 회사와 나를 분리시키기 위해 따로 만든 일종의 부적입니다. 여기에는 회사도, 소속 부서도, 직급도 없습니다. 좌우명인 'Think, Write, Create'와 필명인 '글 쓰는 여행자'만 있습니다. 불필요한 겉옷을 벗어버린 듯 몸이 가벼워지는 걸 느낍니다. 혜민 스님과 다니엘 튜더가 만든 '코끼리'라는 명상 앱을 열고 '할 수 있다, 쓸 수 있다'라고 되뇌어 봅니다. '글쓰기 명상수업'을 따로 만들어 달라고 코끼리 운영자에게 메일도 넣었습니다.

알이 동그란 '개화기 시대 안경'도 꺼내 씁니다. 모니터에서 번지는 빛을 막는 보안경이기도 하지만, 분위기 쇄신용이기도 합니다. 언젠가부터 이 안경을 써야 집중이 됩니다. 알싸한 풀잎 냄새가 나는 루이보스 차도 주문해 식을 때까지 그 향을 즐깁니다. 입안에 차를 가득 머금고 조금씩 몸 안으로 흘려 넣습니다. 이렇게 하면 뭔가 머릿속이 말랑말랑해지는 것 같습니다.

마지막으로 좋아하는 노래를 유튜브에서 선곡합니다. 가사가 귀에 자꾸 들어오면 거슬리니까 피아노 반주곡을 주로 듣습니다. 저는 〈이웃집 토토로〉와 〈천공의 성 라퓨타〉로 유명한 지브리 스튜디오의 음악을 즐겨 듣습니다. 또 하나 특별히 아끼는 노래는 데이비드 보위의 〈스페이스 오디티Space Oddity〉입니다. 우주선이 무중력 상태로 떠도는 내용인데, 글을 쓴다는 것이 어쩌면 이야기의 끝없는 세계를 방황하는 것과 비슷하다는 생각이 들어 글을 쓸 때마다 챙겨 듣습니다.

사람마다 다르겠지만 저에겐 작가 명함, 개화기 안경, 루이보스 차, 음악 그리고 노트북이 저의 소중한 글쓰기 친구들입니다. 조선시대 선비들이 붓·먹·종이·벼루를 문방사우文房四友라는 애칭으로 불렀다는데 그 마음이 뭔지 아주 조금은 알 것 같습니다.

이런 저를 보며 '똥폼 잡느라 해가 다 지겠다'며 혀를 쯧쯧 찰지도 모르겠습니다. 하지만 이게 다 중요한 글쓰기의 과정입니다. 하루 종일 직장인으로 눈치 보며 살았는데, 이 정도의 정화淨化 의식도 없으면 작가모드에 접근할 수 없습니다. 슈퍼맨이 악당을 무찌르기 위해 정장과 안경을 벗는 것처럼, 이건 '월급쟁이인 나'를 '글 쓰는 나'로 바꿔주는 저만의 독특한 방법입니다.

회사가 퇴근 후의 내 모습까지 맘대로 결정지어서는 안 된다고 생각합니다. 엄밀히 말하면 '밥벌이 하는 나'는 사실 남의 시간을 '대신' 살아주는 셈입니다. 그래서 오로지 글을 쓸 때만은 누구도 아닌 온전한 나의 시간을 사는 것 같은 기분이 듭니다. 글 쓰는 시간이 많아진다는 것은 그만큼 나로 사는 시간이 많아진다는 뜻입니다.

준비운동을 좀 장황하게 설명했지만, 이게 습관이 되고 절차가 되고 의식이 되면 뜸 들이는 시간이 점점 짧아집니다. 아무리 길어도 30분 안에 끝나게 됩니다. 그런데 글을 쓰기 전에 무의식적으로 무언가를 반복하거나 고집하는 것은 저만 그런 게 아닙니다. 문장으로 일가─家를 이룬 사람들은 저마다의 독특한 글쓰기 의식을 가지고 있습니다.

하루키가 매일 아침 정해진 거리를 꼭 달린 후에 글을 썼다는 것은 꽤 잘 알려진 이야기입니다. 컴퓨터가 아닌 펜이나 연필로 써야 글이 몸을 관통하는 기분을 느낄 수 있다는 고故 최인호 작가와 김훈 작가의 습관은 글 쓰는 사람들 사이에서는 전설이 됐습니다. 심지어는 방 한구석에 철창 감옥을 만들어 놓고 굳이 거기 들어가 글을 썼다는 이외수 작가도 있습니다. 부족하지만 저 역시 그런 방법을 찾아 실천하고 있었던 겁니다. 당신에게도 당신만의 방법이 따로 있을 겁니다.

가끔은 "글이 잘 써지는 장소나 시간이 따로 있냐?"는 질문을 받습니다. "도道를 아십니까?"라는 질문을 받은 기분입니다. 그런 게 정말 있다면 많은 작가들이 그곳에 가기 위해 몇 년 전부터 줄을 서는 진풍경이 벌어지지 않을까요. 금세 관광 명소가 되겠죠.

글쓰기 명당이 어딘지는 저마다 다르겠지만 마감이 없으면 잘 써지지 않는 것만은 확실합니다. 어디에 있든 무엇을 쓰든, 마감을 정해놓고 몇 가지 주제로 꾸준히 써보세요. 당신이 글쓰기를 시작하고 반복하는 장소가 있다면 그곳이 바로 글쓰기 명당입니다. 물론 와이파이가 잘 터져야겠죠.

Part 5

같지만
그때그때
다른 글

Writer's Pick

우리가 어떤 것을 안다고 말하려면 그것의 범주를 알아야 합니다. 그것이 어디에 속해 있는지 그 맥락을 알아야 합니다. 또한 다른 것과 어떤 차이가 있는지를 알아야 그것을 안다고 할 수 있습니다. 범주와 맥락 그리고 차이를 알아야 비로소 그것을 안다고 할 수 있는데, 한 가지만 아는 사람이라면 다른 것과 비교를 할 수 없으니까 불가능하겠죠.

《이동진 독서법》 이동진

이력서와 자기소개서
◇ 회사와 나의 연결고리 찾기 ◇

17년 동안 공식적으로 4개, 비공식적으로 7개 회사를 다녔습니다. 직원이 다섯 명인 충무로 작은 사무실부터 30대 기업 계열사와 지주사, 직원 수 2만 2천 명의 정부 산하 공기업까지 '넓게' 훑었습니다. 산업군도 다양합니다. 출판, 교육, 중공업, 식품, 화학, 의약, 에너지까지 어쩌다 보니 생활 구석구석을 '두루' 경험했습니다.

새로운 곳에 갈 때마다 맨 먼저 써야 했던 건 이력서와 자기소개서였습니다. 취준생 시절에는 타율이 좀 낮았는데, 경험이 쌓이면서 열 중 일고여덟은 덜컥 붙었습니다. 회사에서 오랫동안 글을 쓰고, 가끔은 이력서 감수를 하거나 직접 받아보니 이쪽 분야의 글쓰기에도 나름 일가견이 생겼습니다.

'이력서'는 직장인이라면 누구나 꼭 한 번은 써야 하는 글입니다. 이력서 양식에는 십여 개의 줄이 그어져 있습니다. 그 안에 이름, 나이, 출생연도, 학교, 주소, 사회 경력, 수상 경험, 좌우명, 학점, 자격증, 토익 점수, 심지어 가족사항과 취미까지 빼곡하게 채워 넣습니다.

그 각각의 줄 한 칸 한 칸을 잘 채우는 데는 꽤나 오랜 시간이 필요합니다. 학창시절의 활동과 주말 봉사활동, 학원 수강, 유학, 교환학생, 인턴 그리고 남자들은 군대까지 짧게는 20년, 길게는 25년에서 30년이 그 안에 촘촘하게 몇 줄의 글로 박힙니다. 이건 하루아침에 어디서 대충 구해 적어 넣을 수 있는 것이 아닙니다. 다양하고 심도 깊은 경험을 가지고 있어야 빈칸을 겨우 채울 수 있습니다.

'자기소개서'는 이력서보다 몇 배는 더 어렵습니다. 이력서가 객관식이라면 이건 논술입니다. 겉으로는 성장 환경, 취미, 장단점, 좌우명, 가장 힘들었던 일, 지원 동기, 입사 후 포부를 담담하게 묻고 있지만, 사실은 그 너머를 궁금해하는 겁니다. 보이는 가짜에 현혹되지 않고, 숨겨진 진짜 질문에 답을 해야 합니다. "당신은 남들과 어떤 점이 다릅니까?" "그 다른 점이 지금 우리 회사에 왜 필요합니까?" 이 질문이 핵심입니다.

자기소개서는 '자연인으로서의 나'를 소개하는 순진한 글이 아닙니다. 회사가 원하는 '직장인으로서의 나'를 압축적으로 보여주는 일종의 상품제안서입니다. 내가 가진 경험과 특장점을 쪼개 놓고 직무기술서JD, Job Description에 명시된 자격요건이나 업무능력들을 분석해 그 둘을 운명처럼 연결해야 합니다. 그 연결이 억지스럽지 않고 자연스러울수록 완성도가 올라갑니다.

자기소개서는 내가 살아온 경험과 사실들을 재료로 해서 나를 돋보이게 만드는 글입니다. 사실과 의견을 구분하는 엄격함이 요구되지만, 회사도 어차피 '직원과 함께 성장하는 가족 같은 기업'이라는 식으로 구직자를 자주 속이니까 조금 과장되게 썼다고 죄책감을 가질 필요는 없습니다. 단, 거짓말을 해서는 안 됩니다. 그 경계를 넘나드는 게 무척 어렵고 중요합니다.

학창생활, 대외활동, 취미, 공모전, 심지어 사소한 습관과 은밀한 연애담까지 탈탈 털고 샅샅이 뒤져보면 회사가 원하는 인재상과 끈이 닿는 실마리가 하나쯤 나옵니다. 한 가지도 발견하지 못했다면 지금이라도 준비하든지, 아니면 다른 일을 하는 게 좋습니다. 적성이나 역량과 무관하게 억지로 취업하면 그때부터는 진짜 끔찍한 일이 생깁니다.

언론홍보팀에 지원한다면 커뮤니케이션 능력이 가장 중요할 겁니다. 처음 보는 기자들과도 편하게 대화를 이끌어 가야 하니 사교적이면 더욱 좋습니다. 기업의 제품이나 서비스 또는 브랜드 가치를 높이는 보도자료를 계속 작성해야 하니 일정 수준 이상의 글쓰기 실력은 필수입니다. 혼자 유럽 여행을 떠나 낯선 외국인 친구들을 사귀고, 그 경험과 여정을 기록하여 블로그에 글을 연재한 경험이 있다면 거기서 커뮤니케이션, 사교성, 작문 등의 업무역량을 뽑아 회사의 언어로 재구성해야 합니다. 이건 거짓말을 꾸며내는 것이 아닙니다. 회사가 원하는 것을 강조해서 한눈에 보여주는 겁니다.

'나는 글을 잘 씁니다'라고 막연히 말하는 것이 아니라 구체적인 근거를 이야기해야 합니다. 브런치 개설 연도와 구독자 수를 제시한다든지, 대학신문이나 블로그, 사보, 잡지, 신문 등에 이름이 실린 실명 기사를 포함하는 것입니다. '환상적' '뛰어난' '매우 잘하는'과 같은 미사여구는 빼고, '구독자 수 150% 증가'와 같은 구체적인 수치를 보여주는 것이 훨씬 믿음이 갑니다.

언론홍보팀 지원자들은 영업, 마케팅, 법무팀, 연구소 등 실무 부서에서 전달받은 수많은 숫자와 자료들을 분석하는 능력도 갖추고 있어야 합니다. 매일 아침 신문과 방송을 실시간 모니터링하려면 성실한 자세와 언론 감각은 기본입니다. 시장 변화에 민감해야 하니 트렌드 감수성도 꼭 필요합니다.

자기소개서를 쓰는 것은 결코 쉽지 않습니다. 오죽하면 취준생들이 "자기소개서를 쓰면서 이번 생을 처음으로 되돌아보게 됐다"고 할까요. 이걸 쓰다 보면 희망이나 공상을 사실처럼 쓰고 싶은 유혹이 듭니다. 웃기고도 슬픈 말로 '자소설'이라고도 부르죠. 정해진 글자 수 안에 '나'를 제대로 담아 내는 것이 얼마나 힘든지는 직접 써보기 전에는 잘 모릅니다. 못 믿겠다면 지금 한 번 써보시는 것, 어떠세요.

보고서와 이메일
◇ 직장인의 얼굴과 표정 ◇

　직장인은 보고서 Report로 말하고 보고서로 일합니다. 어떤 일을 시작하고 마칠 때, 지시사항의 이행과 결과를 알릴 때, 의미 있는 자료나 정보를 공유할 때, 새로운 생각을 전달하고 추진할 때, 심지어는 생수통을 주문하거나 복사용지를 구입할 때도 직장인은 보고서를 작성합니다. 보고서를 제대로 쓰지 못하면 아무리 현장에서 열심히 해도 일을 안 하는 것처럼 보입니다. 존재감이 흐릿해집니다. 잘 보이지 않으니 승진도 어렵습니다.

　보고서는 생각을 정리하는 '기획', 그것을 글과 도표와 그림으로 풀어내는 '작성', 내용을 검토하고 다듬는 '편집'의 과정을 거처 만들어지고, 이후 결정된 사안을 실행하고 평가하는 사후 검증단계를 통해 비로소 완성됩니다. 직장인들이 이렇게 복잡한 과정을 거쳐 보고서를 작성하는 이유는 조직의 실수나 잘못을 줄이고, 위기를 피하고, 더 나은 기회를 잡기 위해서입니다.

온전히 아래에서 만들어진 생각을 위로 전하는 획기적인 경우도 가끔 있지만, 거의 대부분의 보고서는 위에서 하거나 할 만한 생각을 아래에서 열심히 파악해 씁니다. 그렇기 때문에 '보고서'는 처음부터 답이 거의 정해진 글쓰기일 수밖에 없습니다. 내 생각과 일상을 쓰는 블로그나 에세이와는 완전히 다릅니다.

보고서는 결재권자의 생각이 무엇인지에 따라 글의 톤앤매너 tone & manner와 내용이 완전히 달라집니다. 생산자와 소비자가 명확합니다. 그러니 작성자가 아니라 의사결정권자 중심으로 써야 합니다. 한마디로 보고서는 이미 나온 결론을 향해 열심히 달려가는 '철저한 을乙의 글쓰기'입니다.

힘들게 쓴 보고서가 설득력을 충분히 가지려면 무엇보다 그 '형식'이 중요합니다. 가끔 보면 '내용이 중요하지 뭐'라며 콘텐츠에만 집중하는 분들이 계신데, 보고서는 형식이 곧 전략이고, 내용보다 중요할 때가 많습니다. 보고서는 상황이나 목적별로 사실과 근거를 제시하는 구조와 순서가 패턴화되어 있어서, 이것만 잘 익혀도 상사의 결재 속도가 몇 배는 더 빨라집니다.

보고서의 핵심 구성요소는 제목, 개요, 추진배경, 실행목적, 현황, 문제점과 원인, 유사사례 분석, 해결방법, 진행계획, 기대효과, 협조사항, 최종 결심사항 등입니다. 보고서 종류에 따라 어떤 점에 주안점을 둬야 할지가 그때그때 조금씩 달라지지만, 다음 열두 가지 내용은 언제 어디서 어떤 보고서를 쓰든 꼭 살펴봐야 할 것들입니다.

What(용건) 할말이 뭔데?	Why(이유, 근거) 왜 그래야 하는데?	How(진행) 어떻게 할 건데?	So What(결론) 그래서 뭐?
①제목, ②개요 (입장, 태도, 지향점)	③배경, ④목적, ⑤현황, ⑥문제점과 원인, ⑦유사사례 분석	⑧해결방법 제시, ⑨구체적 계획 (예산, 시간, 인력)	⑩기대효과, ⑪협조사항, ⑫최종 결심사항

보고서는 뭘 말하려는지를 분명하게 써야 합니다. 모호하고 장황한 보고서를 끈기 있게 읽어줄 만큼 상사들은 한가하거나 착하지 않습니다. 주제를 빙빙 돌리거나 숨겨놓는 문학적 글쓰기와는 대칭점에 서 있습니다. 항상 바쁘다고 하시는 분들이니 보고서는 짧을수록 좋고 선명해야 좋습니다. 만약 너무 예민하고 복잡한 사안이라 의사결정 전에 꼭 알아야 할 것들이 더 있다고 생각되면 본문에 남기지 말고 몽땅 따로 빼면 됩니다. 그래야 보고서가

짧고 선명해집니다.

이때 What에 해당하는 '제목'은 팩트 중심으로 건조하게 쓰되, 대상과 목적을 강조해서 함께 적는 게 좋습니다. '기업문화 개선 방안'이라고 그 내용을 애매하게 쓰기보다는 '독서, 봉사, 감사를 통한 따뜻한 기업문화 조성계획'이라고 씁니다. '소통활성화 전략'이 아니라 '페이스북을 활용한 밀레니얼 세대 소통활성화 전략'이라고 써야 합니다.

Why에 해당하는 '추진배경'은 보고서에서 주장하려는 트렌드 변화나 사회적 흐름을 정리하는 내용입니다. 기업 유튜브 계정을 새로 열 생각이라면, 요즘의 소비문화를 이끄는 밀레니얼 세대가 유튜브에 얼마나 주목하고 있는지를 믿을 만한 통계, 기사, 예시, 도표, 그래프로 간략히 보여줍니다. 상사의 배경지식 수준에 따라 유튜브의 개념을 정의하고, 소셜채널과 기존 방송채널의 시청자 수를 비교할 필요도 있습니다.

How에 해당되는 '해결방법 제시'는 앞에서 언급한 문제점을 풀어내기 위해 상사에게 건네는 제안입니다. 다른 글과 비교하면 본문에 해당되는데, 이게 부실하면 보고서 전체가 헛수고가 되어 버립니다. 시험 문제를 푸는 것처럼 스스로 정의한 과제를 일목요연하게 정리하고, 각각에 해당되는 대책을 정확하게 제시해야 합니다. 문제점이 세 개인데 대책은 두 개만 제시하는 식으로 어물쩍 넘어가면 뭔가 아귀가 맞지 않는 집을 지은 것처럼 불안해 집니다. 언제부터 시작하고, 얼마의 예산이 필요하며, 누가 이 일을 할 것인지를 제시하는 것도 중요합니다. 비슷한 다른 사례들을 분석하면 설득력이 더 높아집니다.

보고서의 하이라이트는 'So What'입니다. 상사가 구체적인 행동을 할 수 있도록 마지막 방아쇠를 땅하고 당겨주는 겁니다. 먼저 '기대효과'를 구체적으로 예측해 보여주면서 '이게 정말 좋은 선택일까?'라는 상사의 막연함과 불안감을 걷어내는 게 중요합니다. '정말 좋은 생각이다. 꼭 해야 한다'라고 최면을 걸어야 합니다. 유관부서와 기관들에게 요청할 협조사항도 정리해 우리에겐 든든한 지원군이 있다는 걸 슬쩍 알려줍니다.

만약 여기까지 차분차분 이야기를 잘 끌고 왔는데도 최종결정권자가 무엇을 해야 할지 잘 모르겠다며 보고서를 반려한다면, 그건 내 보고서가 보고를 받는 고객의 입장과 눈높이를 고려하지 못한 건 아닐까 의심해 보아야 합니다. 이때 몇 번을 생각해 봤지만 정말 그게 아니라면, 상사가 실무자를 교묘하게 싫어하고 있는 건 아닐까 하는 고민을 진지하게 해 볼 필요가 있습니다. 제 경험상 이 말은 농담이 아닙니다. 보고서를 잘 쓰려면 상사와 친해져야 합니다.

이메일e-mail은 회사에서 가장 흔하게 주고받는 글이고, 가장 자주 쓰는 글입니다. 이메일을 잘 쓰면 회사생활이 부드러워집니다. 별것 아닌 것처럼 생각하기 쉽지만, 직장인들은 이메일 하나만으로 서로를 평가하기도 합니다. 그래서 잘 써야 합니다.

첫째로, 잘 쓴 이메일은 짧고 간결합니다. 서로서로 바쁘니 군더더기를 빼야 합니다. 그렇다고 '3시 회의(냉무)' 이런 식으로 뜬금없는 제목을 달면 안 됩니다. 제목 앞에 [회의] [보고] [공유] [공지] [답신] [필독]이라는 식으로 메모를 적어주면 시간을 아낄 수 있습니다. 이 작은 원칙을 모르거나 알면서도 지키지 않으면 하루에도 수백 통씩 오는 다른 이메일에 며칠째 묻혀 버립니다. '[요청] 15시 마케팅 전략회의, 20층 회의실'이라고 조금만 고쳐 쓰면 상대방이 제 시간에 읽을 확률이 높아집니다.

둘째로, 이메일은 명확해야 합니다. 한 번이면 될 걸 여러 번 묻게 만드는 이메일을 받으면 짜증이 납니다. '육하원칙'에 맞춰 적으면 내용파악이 쉬워집니다. 이때 문장으로 길게 쓰는 것보다 접속사나 조사를 삭제하고 1, 2, 3처럼 숫자를 달아 내용, 대상, 시간, 장소, 목적, 준비사항 등을 구분해 주면 더 좋습니다.

셋째로, 이메일은 친근해야 합니다. 얼굴을 마주하는 건 아니지만, 이메일은 말을 하는 사람과 듣는 사람이 엄연히 존재하는 대화의 한 종류입니다. 이때 개인적인 친분을 적당히 표시하는 건 문제가 되지 않지만, 수신자가 한 명이 아니거나 참조와 숨은 참조가 여럿인 공식적인 이메일은 최소한의 격식을 차리는 게 좋습니다. 가끔은 회사 이메일을 친구들과 하는 카카오톡 단톡방으로 생각하시는 분들이 계셔서 당혹스럽기도 합니다.

제가 실제로 회사에서 받아본 신입사원의 이메일 한 통을 소개해 드립니다. 몇 년 전의 기억을 더듬어 재구성해 봤습니다. 이메일 잘 쓰는 법을 구구절절 설명하기보다 예시를 들어 함께 생각해 보는 것이 효과적일 것 같아서요. 슬쩍 봐도 아시겠지만, 쓰는 사람의 개성이 잘 드러나고 발랄한 문체가 돋보이는 이메일입니다. 조금 재밌기도 하고 놀랍기도 하고 걱정스럽기도 합니다.

받는 사람: 홍보실 김상무님. 마케팅실 박상무님. 경영지원처 이처장님

참조: 김대리, 이대리, 박대리, 홍대리, 김차장

숨은 참조:

□□□ 전략 회의에 초대합니다.

안녕하세요 잘 지내시죠? △△△팀 ○○○입니다.
신경 써 주신 덕분에 전 잘 지내고 있스비다. 적응도 잘 하구 있구요. ㅎㅎㅎㅎ

다름이 아니라 이번에 △△△팀이 □□□ 전략을 짜봤어요.
시간 되면 이야기 나누고 싶어서 메일을 보냅니다.
내일 오후 3시쯤 어떠세요? 커피는 제가 준비해 놓을께요.
오시기 전에 첨부파일 보고 오는 센쓰 부탁드립니다.

아, 그리고 회의실은 5층 소회의실 D룸입니다. 별관 아니고 본관, 착각하시면 안 돼요.

최고를 지양하는 멋진 신입사원이 되겠습니다. 싸~랑합니다 🙂선배님. ○○○ 드림

#별첨 : □□□ 전략회의 자료(최종)_진짜 최종_ver.12.docx(15MB)

제가 볼 때 '□□□전략 회의에 초대합니다'라는 제목부터 좀 이상합니다. '초대'라는 것은 '어떤 모임에 사람을 불러 대접한다'는 뜻입니다. '생일 초대'라고 쓰지 '회의 초대'라고는 안 씁니다. 초대라는 말은 오면 좋고 안 와도 된다는 뜻으로 오해할 수 있습니다. 이메일은 제목만 봐도 내용을 예측할 수 있게 써야 합니다. 제목이 곧 내용입니다.

그다음으로 첫인사와 자기소개를 건넨 것은 '편지'의 특성상 큰 무리가 없어 보입니다. 하지만 짧은 글 속에서 계속 보이는 잦은 오타와 틀린 맞춤법, 그리고 이모티콘과 줄임말의 남발은 직장인으로서의 전문성과 신뢰도를 떨어뜨리는 마이너스 요인입니다.

예시로 소개한 이메일 내용을 한마디로 줄이면 '마케팅 회의 참석 요청'입니다. 그런데 지금 메일에서는 누가, 언제, 어디서, 왜 참석하라는 것인지가 잘 안 보입니다. 격식을 차리는 부장님과 상무님들이 이런 이메일을 받으시면 뭐라고 회신해야 할지 한참 망설이게 될지도 모릅니다. 첫인사와 끝인사는 개성이라 치더라도 본문은 다음처럼 고치면 더 좋을 것 같습니다. 그래야 내용이 좀 더 선명해지고 기억에 남습니다.

1. 내용 : 2024년 2/4분기 마케팅 전략회의

2. 대상 : 홍보실, 마케팅실, 경영지원처 차장

3. 시간/장소 : 2024.2.19(수) 15:00 / 본관 5층 소회의실 D룸

4. 준비사항 : 회의자료 사전숙지(별첨)

5. 기타 : 불참 시 3일 전 회신 요망

형식적으로 살펴볼 때 이메일은 수신(TO), 참조(CC), 숨은참조(BCC)로 구분할 수 있습니다. 수신은 이메일의 직접대상자이니 차상위 상급자인 상무님들께 보내는 건 적합하지 않습니다. 참조는 이메일에 반응할 필요는 없지만 내용을 확인할 필요가 있을 때 발송합니다. 숨은참조는 이메일 내용은 공유하되, 수신 여부는 다른 사람들이 확인할 수 없도록 감추고 싶을 때 사용합니다. 조직마다 분위기가 다르겠지만 이메일 수신자와 참조자를 적을 때도 직급과 서열 순으로 쓰는 게 좋습니다. '뭐 그런 것까지 따지냐'라고 반문할 수 있지만, 편지는 받는 순서가 곧 의전이고 예절입니다. 이메일도 편지의 일종입니다.

사소하지만 이메일에 첨부하는 파일 이름도 살펴봐야 합니다. '최종최종' '진짜진짜'라는 식의 파일명은 현장감을 살릴 수 있어 좋겠지만, 부서의 민낯을 보여주려는 전략적인 의도가 아니라면 피하는 게 좋습니다.

보고서~~Report~~가 직장인의 얼굴이라면 '이메일~~e-mail~~'은 직장인의 표정입니다. 얼굴이 꼭 미남 미녀일 필요는 없지만, 나이를 먹으면 자기 얼굴에 책임져야 한다는 말이 있듯이 직장인으로 어느 정도 지내게 되면 자기 보고서에 책임을 져야 합니다. 표정은 사람과 사람이 마주하는 첫 번째 메시지입니다. 표정이 좋으면 얼굴이 더 예뻐 보이고 몇 배는 더 멋져 보이고 소통이 원활해집니다. 우리의 얼굴과 표정은 어떠한지 거울에 가끔씩 비춰볼 필요가 있습니다.

리뷰와 칼럼
◇글 솜씨가 수직상승하는 확실한 방법◇

리뷰 _{Review}는 영화, 뮤지컬, 드라마, 음악, 만화, 책과 같은 문화예술부터 가벼운 여행, 요리, 그리고 상품까지를 다양하게 다룹니다. 'Re-View'라는 단어를 쪼개 보면 바로 알 수 있듯, 리뷰는 창작보다는 기존 작품이나 현상을 '다시보기' 하는 글입니다. 남들이 찾지 못한 것을 재발견하고 이미 있었지만 잘못 알고 있던 것을 재해석하는 게 리뷰의 핵심입니다.

리뷰를 잘 쓰려면 그것에 남다른 '관심'을 가지는 게 먼저입니다. 문화예술 리뷰를 하려면 영화나 뮤지컬을 관람하고, 드라마를 시청하고, 음악을 듣고, 만화를 보고, 책을 읽어야 합니다. 여행 리뷰는 일단 그곳에 가 봐야 쓸 수 있고, 음식을 이야기하려면 음식 맛을 봐야 합니다. 물건을 구매하거나 사용해 보지도 않고 상품 리뷰를 쓸 수는 없습니다. 충분히 보고 듣고 만지고 먹고 걸으며 느낀 수많은 경험들이 차곡차곡 쌓여야 좋은 리뷰 글을 쓸 수 있 습니다.

막연히 경험만 하기보다는 틈날 때마다 '메모'를 많이 달아둬 야 리뷰를 잘 쓸 수 있습니다. 책을 리뷰한다면 삼색 볼펜으로 밑 줄을 박박 긋고, 알록달록 포스트잇을 여기저기 붙이고, 내 생각 들을 주렁주렁 달아 놓으세요. 이걸 잘해 두면 나중에 리뷰의 큰 줄기를 잡는 게 한층 쉬워집니다. 저는 제가 그 책의 작가라도 된 것처럼 목차를 보며 글을 다시 쓰는 방식으로 북리뷰를 쓰기도 합니다.

영화나 드라마를 볼 땐 마음에 와닿은 명대사라든지, 주인공의 표정, 복선 같은 것을 잘 기억해 두었다가 그 느낌들을 감독이나 PD가 된 것처럼 풀어냅니다. 여행 리뷰라면 일정을 마치고 나서 최소한 1주일 이내에 초안을 잡고, 음식 리뷰는 맛을 본 즉시 몇 분 안에 한 줄 평을 어떻게든 적어 둡니다. 이렇게 뭐라도 끄적거 려 봐야 나중에 쓸 수 있습니다. 당시 아무리 강렬했던 기억도 시 간이 조금만 지나면 그 감정의 절반도 남지 않거든요. 이렇게 좀 부지런하고 예민해야 리뷰를 잘 씁니다.

그다음으로는 그것의 산만한 특징들을 차분하게 '요약'해 볼 차례입니다. 이때 '어차피 팩트는 다 똑같으니까'라고 무책임하게 생각하면 안 됩니다. 책이나 영화 소개자료를 휙 붙여넣고, 여행지 정보를 쓱 베끼고, 요리 레시피와 상품 스펙을 착 옮겨 적으면 글맛이 뚝 떨어집니다. 아무리 객관적 사실과 정보라고 해도, 그걸 그대로 쓰면 실망스러운 글이 나옵니다.

리뷰는 요약만 잘해도 절반은 먹고 들어갑니다. 이때의 요약은 단순히 분량을 줄이고 압축하는 걸 뜻하는 게 아닙니다. 글 쓰는 사람이 나름의 기준과 관점을 확실하게 세워두고, 주어진 여러 사실과 정보들을 내 방식대로 재조합하는 걸 말합니다. 이런 수고를 아끼지 않은 리뷰는 눈과 귀에 찰싹 달라붙습니다. 여기에 더해 '왜 이것을 선택했고, 언제 어떻게 이것과 만났고, 무슨 느낌을 받았는지' 그리고 '이것이 나와 당신에게 어떠한 가치가 있는지'를 한 문단 덧붙이면 꽤 읽을 만한 글이 됩니다.

마지막으로 리뷰에서는 글을 쓰는 사람의 상황이나 입장을 좀 더 보여줘도 괜찮습니다. 사실관계 확인이 중요한 보도자료나 기사와는 성격이 다릅니다. 심지어는 뭔가 삐딱해도 재밌기만 하면 그게 오히려 매력적으로 보이기도 하는 게 리뷰라는 글의 특징입니다. 허지웅의 리뷰는 까칠하며 진솔하고, 유병재의 리뷰는 웃기면서도 거칠고, 이동진의 리뷰는 정갈하지만 다소 현학적입니다. 이렇게 리뷰는 쓰는 사람의 주관과 개성이 들어갈 공간이 너넉하게 준비되어 있는 매력적인 글입니다.

① 관심	② 메모	③ 요약	④ 개성
사물이나 현상을 충분히 체험해 보기	인상 깊은 사건과 구절, 관련된 다른 이야기 소개, 반론 제시, 비교 분석	줄거리와 특징점 정리, 의미부여, 가치 발견, 재해석, 재구성	글 쓰는 사람의 상황이나 입장, 주관, 가치관

'칼럼column'은 리뷰와 비슷하지만 그 결이나 무게가 조금 다릅니다. '쓰면서 생각하는 글'이 리뷰였다면, 칼럼은 '생각하고 쓰는 글'에 가깝습니다. 리뷰가 '다시보기'라면, 칼럼은 '톺아보기'입니다. '톺다'는 차근차근 살피며 틈이 있는 곳마다 모조리 더듬어 뒤지다는 뜻의 우리말입니다.

영화나 여행과 같은 가벼운 소재를 대상으로 하는 칼럼도 있지만, 보통 '칼럼'이라고 하면 정치·경제·외교·교육·국방 등의 사회현상을 그 분야의 전문가들이 심도 깊게 다룬 글을 가리킵니다. 그렇다고 '주장하는 글'인 논술처럼 딱딱하지만은 않습니다. '이야기하는 글'인 수필의 성격도 동시에 갖고 있어서 말랑말랑한 부분도 꽤 있는 묘한 글입니다.

좋은 칼럼을 쓰려면 좋은 칼럼을 많이 보는 게 방법입니다. 여기서는 '칼럼은 이렇게 쓰라'고 어설프게 설명하는 것보다 나름의 확고한 팬층을 확보하고 있으면서도 그 특징이 극명하게 다른 두 명의 대표 칼럼니스트를 소개하는 게 더 좋은 방법이라고 생각합니다.

먼저 소개해 드릴 분은 전북대 신문방송학과의 강준만 교수입니다. 그는 알아주는 독설가입니다. 공개적인 칼럼에서 실명 비판을 처음 도입했는데, 누군가는 시원하겠지만 다른 한쪽은 괴롭습니다. 호불호가 갈리는 것이 그 지점입니다. 항상 거두절미_{去頭截尾}하고 용건부터 말합니다. 논리의 선이 굵고, 목소리가 크며, 태도는 직설적입니다. 돌아가는 법이 별로 없습니다. 봐주지 않습니다. 첫 문장에서 신문기사 일부를 발췌하거나 인용하는 것으로 유명합니다.

'욕망이 거세된 일본 젊은이들.' 어느 신문 기사 제목이다. 어떤 내용이길래 '욕망이 거세' 운운하는 걸까?

〈소확행은 개혁의 씨앗이다〉 한겨레, 2018. 7. 2.

최근 〈한겨레〉의 '조국, 그 이후' 기획 연재 기사들을 흥미롭게 읽었다. 특히 '다시 문제는 불평등이다' 편에 실린 이재훈·오연서 기자의 기사

〈'조국대전'에 낄 자리조차 없던 이들의 분노〉가 감명 깊었다.

〈'진보의 틀'을 바꿔야 한다〉한겨레, 2019. 11. 11.

강준만 교수는 그저 상식이라고 생각했거나, 전혀 의심하지 않았거나, 감히 꺼내지 못했던 문제들을 진지하고 엄격하게 다루면서 꽤 흥미로운 역발상의 관점까지 동시에 제시합니다. 그게 강준만 칼럼을 돋보이게 만듭니다.

강준만 교수의 진짜 실력은 제목에서 두드러집니다. 내용을 잘 몰라도 일단 클릭하고 싶은 제목을 잘 뽑아냅니다. 짧고 굵으면서 기억에 오래 남습니다. 하나같이 이런 식입니다.

〈싸움하는 법부터 배우자〉한국일보, 2005. 7. 19.

〈싸가지가 메시지다〉한국일보, 2005. 11. 15.

〈아파트 공화국의 미스터리〉한겨레21, 2005. 12. 21.

〈'하향평준화'로 겁주는 공포 마케팅〉한겨레, 2018. 12. 30.

〈'태극기부대'의 공로〉한겨레, 2019. 3. 3.

〈'내로남불'이 희망이다〉한겨레, 2019. 7. 21.

〈진보의 위선관리법〉한겨레, 2019. 10. 13.

〈'기레기'라고 욕하는 당신께〉한겨레, 2019. 12. 8.

칼럼은 그 특성상 쓰는 사람의 입장과 가치관을 가장 잘 반영하는 글이기 때문에 아무리 수필처럼 쓰더라도 결론이 어느 정도 정해져 있고 정치적이게 마련입니다. 《동물농장》과 《1984》로 유명한 영국의 작가 조지 오웰은 《나는 왜 쓰는가》에서 "어떤 책(글)이든 정치적 편향으로부터 자유로울 수는 없다"고 말하기도 했습니다.

강준만 교수는 그 점을 처음부터 인정하고 씁니다. 짧은 글 안에 근거자료와 예시, 통계들을 살뜰하고 가득하게 챙기는 것은, 자신의 글이 아전인수我田引水격 억지가 되지 않도록 경계하려는 겁니다. 빈틈을 통계와 사례로 꽉꽉 채워서 논리에 어긋나는 이야기가 처음부터 들어가지 못하게 합니다.

다음으로 소개해 드릴 분은 서울대 정치외교학과의 김영민 교수입니다. 이분의 글은 강준만 교수와는 스타일이 완전히 다릅니다. 웃기려고 작정한 것처럼 보입니다. 얼핏 보면 '좀 배운 아재의 농담'처럼 보입니다. 모든 연령층이 좋아할 만한 대중성도 충분히 가지고 있어서 한국일보(아침을 열며(김영민 칼럼)), 한겨레(김영민의 논어 에세이), 경향신문(사유와 성찰)의 고정 필진으로 두루 활동하고 있습니다. 그를 칼럼계의 아이돌로 만들어 준 화제의 칼럼 〈'추석이란 무엇인가' 되물어라〉는 이런 식입니다.

음식을 한가득 입에 물고서 소리 내어 말해 보라. "나는 누구인가." 아마 함께 밥 먹던 사람들이 수저 질을 멈추고 걱정스러운 눈초리로 당신을 쳐다볼 것이다. (중략) 엄마가 "너 대체 결혼할 거니 말 거 니"라고 물으면, "결혼이란 무엇인가"라고 대답하라. 거기에 대해 "얘가 미쳤나"라고 말하면, "제정신이란 무엇인가"라고 대답하라.

〈《경향신문》 2018. 9. 21.〉

파격적입니다. 저는 이런 칼럼을 처음 봤습니다. 그것도 멀쩡한 서울대 교수의 칼럼이라는 사실에 저 말고도 많은 독자들이 눈을 의심했을 겁니다. 어쩌면 온라인 뉴스를 보다가 서버가 해킹된 건 아닌지 새로고침(F5) 버튼을 몇 번이나 눌러본 사람이 있을지도 모릅니다. 짧은 패스를 빠르게 주고받는 축구 기술을 티키타카Tiki-Taka라고 하는데, 이 글은 필자와 독자가 축구공을 주고받으며 노는 모습이 눈에 그려집니다. 읽다 보면 김영민 교수의 천연덕스러운 표정이 눈에 선하게 떠오르고, 그 장난스러운 목소리가 음성지원되는 것 같은 느낌을 받습니다.

강준만 교수의 칼럼이 '논리와 주장'에 주력한다면, 김영민 교수의 칼럼은 '공감과 재미'에 집중합니다. 그러면서도 칼럼의 제목부터 끝까지 일관성을 잃지 않는 건 김영민 교수의 글이 가진 미덕이고 매력입니다. 두 가지 스타일의 칼럼 중 어떤 것이 더 좋다고 잘라 말할 수는 없다고 봅니다. 강준만 교수의 글만큼 강력한 글이 없고, 김영민 교수보다 발랄한 문체도 우리나라에서 찾아보기 어렵습니다. 강준만 교수의 글은 짐짓 엄숙한 표정으로 서재에서 읽고 싶고, 김영민 교수의 글은 출근길 지하철에서 낄낄대며 읽고 싶습니다. 내 스타일이 어느 쪽에 좀 더 가까운지 살펴보고 한 쪽의 글을 열심히 읽다 보면 어느새 여러분의 글이 그 모습을 닮아가게 될 겁니다.

리뷰와 칼럼은 이렇게 비슷하면서도 다르고, 다르면서도 많이 비슷합니다. 그래서 막상 글을 쓰다 보면 리뷰와 칼럼을 이분법적으로 구분한다는 게 무의미해지기 일쑤입니다. 그런데 너무나도 확실한 둘의 공통점이 딱 한 가지 있습니다. 글쓰기를 연습할 때 바로 이것만큼 좋은 게 없다는 점입니다. 생활 주변을 찬찬히 둘러보면서 가볍고 무거운 이 세상 모든 이야기를 리뷰와 칼럼의 소재로 삼아보시길 바랍니다. 글쓰기 실력이 쑥쑥 자랍니다. 리뷰와 칼럼을 100일만 꾸준히 쓰면, 이런 책 한 권을 쓰는 것쯤은 아무것도 아닌 게 됩니다.

축사
◇ 오늘을 행복하게 살아가세요 ◇

'마흔 살 늦깎이 결혼'을 세 달 앞둔 한남동 오랜 친구가 따로 술 한잔하자고 합니다. "주례 없이 결혼식을 할 건데 뭔가 아쉽다"며 주례를 대신할 축사를 부탁했습니다. "너밖에 없어!"라며 자꾸 띄워주는 데 홀딱 넘어가 성급하게 약속을 하고 말았습니다. 술을 너무 많이 마셨던 거죠.

다음 날 제정신이 돌아오자마자 어제 한 말을 되돌리고 싶었습니다. 아니, 이 나이에 양가 어른들 앞에서 주례를 대신한다니요. 아끼는 친구의 결혼식을 내가 망칠 수는 없었습니다. 분위기를 봐서 완곡하게 사양하려 했지만, 어느덧 날짜가 2주 앞으로

다가왔습니다. 돌이킬 수 없었습니다. 쓰는 수밖에.

에~ 신랑 박○○군은 … △△△ 학교를 나와, △△ 회사를 다니는 뛰어
난 능력의 남편입니다. 음~ 신부 김○○양은 화목한 집에서 태어나 △△
△ 학교를 나와, △△를 하는 아름답고 현명한 아내입니다. 자고로 결혼
은 서로를 아껴주고, 언제나 함께하며 (중략) 부부는 일심동체입니다.

이런 축사는 죽어도 쓰고 싶지 않았습니다. 이왕 하는 거 제대
로 해보자는 생각이 들었습니다. 첫 만남부터 지금까지, 그리고
결혼을 마음먹은 진실의 순간 MoT, Moment of Truth 이 언제인지 물었
습니다. 성격 심리검사의 하나인 에니어그램 Enneagram 까지 해보고
그 결과를 나름대로 해석해 보기도 했습니다. 유별나다고 할 수
있겠지만 어떤 글을 쓰든 그 대상을 분석하는 것이 먼저니까요.
　결혼식 축사의 핵심은 '신랑과 신부를 맘껏 자랑해 주기'입니
다. 청중들이 궁금해할 정보들을 스토리텔링하면서, 이제 막 시
작하는 부부가 하객들에게 꼭 말하고 싶은 이야기나 다짐을 주
인공 대신 너무 얄밉지 않게 떠들어줘야 합니다. '나 이렇게 잘
난 사람이야! 누가 뭐래도 우린 행복하게 잘살 거야! 축하해줘!'
라고 자기 입으로 시시콜콜 다 이야기하면 맞는 말이라도 어딘지
부끄럽고 민망합니다.

저는 친구의 결혼식 축사를 쇼팽의 연인이자 프랑스 낭만주의 시대의 대표 작가인 조르주 상드George Sand가 남긴 짧은 문장을 패러디하는 것으로 마무리했습니다. 이런 내용이죠.

"지금부터는 둘의 인생을 하나로 합쳐 살아가세요. 더 즐겁고, 더 행복하고, 더 뜨겁게 사랑하세요. 인생에서 가장 좋은 것은 사랑뿐입니다. 두 분의 아름다운 결혼을 다시 한번 축하드립니다."

결혼식을 예로 들었지만, 모든 행사의 축사는 다 비슷한 구조와 패턴을 가지고 있습니다. 축사를 쓸 때 가장 먼저 체크해야 할 건 모임의 성격입니다. 무슨 말을 먼저 꺼낼지, 그리고 어떤 톤앤매너tone & manner를 취할지는 여기에 따라 완벽하게 달라집니다. 이 모임이 졸업식이나 입학식인지, 비전 선포식인지, 장학금 수여식인지, 취임식인지 퇴임식인지, 세미나인지 포럼인지를 분명하게 확인하세요.

그다음에는 '축하합니다'라는 이 다섯 글자에 어떻게 살을 붙여 어떻게 말하느냐가 관건입니다. 대체로 이런 순서를 따릅니다.

첫인사	행사의미 부여	청중과의 연관성	당부와 기대
자기소개 지양 담백한 축하	어떤 점을 왜 축하하는지	이 행사가 청중과 어떻게 연결되는지	행사 발전 기원, 지원 약속

주의를 끄는 첫 말문은 '반갑습니다'라고 담백하게 시작해도 괜찮습니다. 말하는 사람이 누구인지는 사회자가 바로 앞에서 소개할 테니, 자기소개는 과감하게 생략하는 게 좋습니다. 가끔은 말하는 사람이 자기소개를 지나치게 오래 해서 지금 누구를 축하하는 건지 혼란스러울 때도 있습니다.

두 번째 문단에서 축하 대상과 이유를 명확하게 이야기해 주지 않으면 청중들은 지루해합니다. 축사가 쓸데없이 길어지면서 '저 사람, 억지로 나왔구나'라는 느낌이 강하게 듭니다. 축사는 축하할 내용이 뭔지, 누구를 왜 축하해야 하는지를 청중에게 설명하는 일종의 '브리핑Briefing'이라는 걸 명심해야 합니다. 이걸 제대로 이야기하지 않으면 축사에 집중하지 못합니다.

행사에 의미부여를 했다면, 다음은 이 행사가 청중들에게 미칠 영향을 정확하게 짚어줘야 합니다. 비전 선포식이라면 비전의 의미를 해석하면서 직원들이 함께 노력해야 그 목표를 달성할 수 있다는 점을 강조합니다. 포럼이나 세미나라면 이번 주제가 얼마나 시의적절하고 우리 모두에게 꼭 필요한 내용인지를 설명합니다.

마지막으로 앞으로의 당부와 기대를 짧게 이야기하면 좋습니다. 여기에 우리가 당신을 위해 무엇을 어떻게 지원하겠다는 점과 행사의 의미를 다시 한번 언급하고 행사가 매년 발전하기를 바란다는 덕담까지 덧붙이면 꽤 괜찮은 축사가 됩니다.

건배사

◇ 술자리에서 승진하는 사람도 있다 ◇

　사람들은 누구나 자기와 눈높이를 맞추고 함께 고민하는 사람을 좋아합니다. 회사는 그런 직원을 더욱 선호하죠. 상사 눈치를 보거나 시건방진 농담이나 어설픈 아부를 할 때도 리더가 했던 말을 재치 있게 패러디해야 센스 있다는 소리를 듣습니다. 술자리 농담마저 매출이나 비전과 어울려야 박수를 받습니다.

　술자리를 술 먹는 자리라고만 생각하면 초보입니다. 고수들은 술자리의 진짜 목적이 '건배사'라는 것을 동물적 감각으로 잘 알고 있습니다. 지금 왜 모였는지(모임 성격) why, 우리는 누구인지 (구성원) who, 지금이 언제인지(시기) when, 무슨 이야기(소재) what를 어떻게(구성방식)how 꺼내는 게 좋을지, 그리고 우리 모두가 앞으로 무엇을 기대하고 있는지(희망)wish를 고려해야 합니다. 일명 건배사의 육하원칙5W1H입니다.

구분	내용	구분	내용
WHY (모임 성격)	우리는 왜 모였을까? – 프로젝트 시작과 끝 – 부서간, 회사간 친목 – 창립, 신년, 이취임, 세미나	WHAT (소재)	무슨 이야기를 꺼낼까? – 고사성어, 뉴스, 영화, 　드라마 – 모임 혹은 개인 경험담
WHO (구성원)	우리는 어떤 사이일까? – 신규 고객과 협력사 – 부서 내 상사와 부하직원 – 행사 주최측과 게스트	WHEN (시기)	지금은 어떤 시기인가? – 프로젝트 시작, 탐색, 　완성 – 계절(봄, 여름, 가을, 겨울) – 연말연초, 신년, 명절
WISH (희망)	우리는 무엇을 바랄까? – 새로운 사업, 매출 달성 – 영원한 우정, 사랑, 친목 – 행사의 지속가능한 발전	HOW (구성방식)	건배사를 어떻게 꾸밀까? – 3행시, 선창후창, 노래 – 비언어적 스킨십(악수, 눈짓)

좌중을 휘어잡는 건배사는 술 흐르듯 자연스러워야 합니다. 시작은 자기소개나 감사 인사를 먼저 하는 것이 무난합니다. 메시지는 고사성어나 속담, 명언, 유행어를 인용하거나 발췌해 보면 좋습니다.

<퇴직자 모임>

- '일소일소 일노일노(一笑一少 一怒一老)'라는 말이 있습니다. "한 번 웃으면 한 번 젊어지고, 한 번 화내면 한 번 늙는다"는 뜻입니다. 오늘 모처럼 선배님들께서 한 자리에 모이셨으니 많이 웃고 많이 젊어지는 좋은 시간이 되면 좋겠습니다. 선배님들의 건강과 행복을 위해 건배를 제안하겠습니다.
- 선창 : 일소일소 / • 후창 : 일노일노

<임원 신년회>

- 조선시대에는 '미래형 덕담'을 했다고 합니다. "건강하세요"가 아니라 "건강하신 모습을 보니 좋습니다" '이미 그렇게 되었다고 하면 정말 그렇게 된다'는 말의 주술적 힘을 믿었기 때문입니다. 저도 오늘 조선시대 스타일로 건배사를 하겠습니다.
- 선창 : 모두 건강하고 부자되신 걸 보니 / • 후창 : 참~ 좋습니다.

평균 연령 75세인 전직 임원 송년회에 가시는 사장님께 '일소일소 일노일노一笑一少 一怒一老'라는 건배사를 권해드린 적이 있습니다. '한 번 웃으면 한 번 젊어지고, 한 번 화내면 한 번 늙는다'는 뜻입니다. "모처럼 귀한 선배님들께서 한 자리에 모이셨으니 많이 웃고 많이 젊어지는 좋은 시간이 되면 좋겠다"는 말을 정중하게 곁들입니다.

새해에는 사장님께 조금 특이한 조선시대 스타일의 건배사를 소개해 드린 적도 있습니다. 조선시대 건배사라는 건, 어떤 일이 이미 그렇게 된 것처럼 말하는 방식입니다. 현종 비_妃인 명성왕후가 셋째 딸 명안공주에게 보낸 편지에서 착안했습니다. "새해에 무병장수하고 잘 지낸다 하니 헤아릴 수 없이 기쁘다"는 구절을 이렇게 패러디를 하면 됩니다. "우리 회사가 사상 최고의 매출을 올리고 신제품이 이렇게 잘 팔리니 좋습니다"라고 말입니다.

노사간담회에서는 뉴스에서 찾은 건배사를 활용했습니다. 문재인 대통령이 한미연합사령관을 만난 오찬 자리에서 "함께 갑시다"라고 우리말로 크게 외쳤고, 미군들이 "고 투게더Go together" 라고 영어로 화답했다고 합니다. 협력이 중요한 행사에 꽤 잘 어울립니다. "회사를 움직이는 두 개의 큰 바퀴는 경영진과 노조입니다. 우리 회사의 발전을 위해 제가 '함께 갑시다!'라고 먼저 선창하면 노조위원장께서 '고 투게더Go together!'라고 화답해 주시길 바랍니다." 이런 식으로 써먹었던 기억이 납니다.

믿기 어렵겠지만 회사에서는 일이 아니라 건배사를 잘해서 승진하는 경우도 가끔 있습니다. 예전에 다녔던 한 회사는 오랫동안 해오던 주력사업 외에 새로운 분야로 사업을 확장하기 위해 한동안 외부 컨설팅을 받았습니다. 자금력을 무기 삼아 관련 사업을 과감하게 확장하려는 겁니다. 사업 다각화를 넘어 기업의 체질을 완전히 바꾸자는 의미였습니다.

그때 나온 비전 슬로건이 '새로운 성공 신화를 향하여'였습니다. "새로운 분야에 도전해 또 한 번의 성공을 거두자"는 뜻입니다. 이때 누군가 건배사를 '카스CASS'라고 했는데 삽시간에 확 퍼졌습니다.

카스는 그냥 맥주 이름인데, 너무 평범한 거 아니냐고요. 다시 보세요. 카스는 'Creating Another Success Story'의 첫 글자입니다. 이런 건배사를 처음 생각해 낸 직원을 회사가 좋아하지 않을 수 있을까요. 비전의 의미를 곱씹지 않았다면 불가능한 일입니다. 부장까지 빠르게 승진한 그의 별명은 '미스터 건배사'입니다.

정치권을 살펴보면 2010년 10월 1일 이명박 전 대통령이 여당 의원들을 청와대로 초청해 "당신멋져"(당당하고 신나고 멋지게 살면서 가끔은 져주자!)라고 건배사를 했습니다. 여당과 청와대 간의 관계가 멀었던 그 당시 정치적 상황이 반영된 메시지였습니다. 당 대변인이었던 정옥임 의원은 여기에 "마당발"(마주 보는 당신의 발전을 위하여!)로 화답했다고 하죠. 이후로 짤막하고 위트 있는 3행시가 유행했습니다.

정치권에서 시작된 3행시 건배사는 기업으로 퍼졌습니다. 청바지(청춘은 바로 지금부터), 한우갈비(한마음으로 우리는 갈수록 비상한다), 사이다(사랑합니다, 이 생명 다 바쳐), 고사리(고맙습니다, 사랑합니다, 이해합니다), 모바일(모든 일이 바라는 대로 일어나라)과 같은 종류의 건배사가 여기저기 생겨나고 순식간에 퍼졌습니다.

건배사를 어떻게 할지 매번 스트레스라면 앞에서 소개해 드린 것 중 몇 가지를 외워두는 것도 괜찮습니다. '건배사의 육하원칙 5W1H'을 생각하면서 상황에 맞게 서랍에서 하나씩 꺼내 쓰면 좋습니다.

건배사는 단순한 말장난이 아닙니다. 철 지난 말장난이라고 외면하기보다는, 업무의 2부 리그에서 '나에게 주어지는 특별한 발언 기회'라고 생각을 바꿔보면 어떨까요? 대통령이, 장관이, 사장과 부장이 건배사를 따로 챙기는 데는 다 그만한 이유가 있습니다.

사과문

◇ 잘 쓰면 약, 못 쓰면 독 ◇

사과문謝過文은 가장 쓰기 싫은 글이면서 동시에 가장 잘 써야 하는 글입니다. 이해관계자가 복잡해 난이도가 높고, 급하게 쓰다 보면 되레 실수하기 쉽습니다. 제 주변에 기업의 공개 사과문을 실제로 써 본 홍보인이나 스피치라이터는 손에 꼽습니다. 사과문을 전문으로 담당하는 위기관리 대행사가 따로 있을 정도입니다. 저는 17년 동안 사과문을 세 번 정도 써 봤습니다.

사과문을 쓰는 경우는 고의성, 피해 정도, 회복 가능성을 기준으로 크게 네 가지 정도입니다. '예측 못한 재해와 사고' '부적절한 실수나 관리 미흡' '악의적 범죄와 잘못' '입장 차이로 인한 혼

란과 갈등'입니다. 물론 무엇을 기준으로 잡고 얼마나 세분화하
느냐에 따라 그 분류가 달라질 수도 있습니다.

 2008년 'GS칼텍스 고객정보 유출'은 고객정보를 관리하던 자
회사 직원의 악의적 범죄이면서 동시에 회사의 관리 미흡과 잘못
으로 발생한 사건입니다. 범인들이 회원 정보를 DVD에 담아 유
출했지만, 다행히 모두 압수되거나 폐기되어 피해 범위가 제한
적이고 회복 가능성이 높다고 판단되는 경우입니다. GS칼텍스는
사고 다음 날 바로 개인정보 유출을 확인할 수 있는 링크를 포함
한 사과문을 신속하게 발표했습니다.

 2013년 4월 15일 발생한 '포스코 라면 상무' 이야기는 고의성
있는 잘못과 부적절한 실수 사이에 있는 기묘한 사건입니다. 비
즈니스석에 탄 포스코에너지 왕 상무가 라면이 덜 익었다며 승무
원과 실랑이를 벌이다, 급기야 잡지로 승무원을 때리고 거친 욕
설을 한 게 발단이 됐습니다. 이때 저는 포스코 패밀리 소속 직원
이었는데, 기사화되기 직전 블라인드 앱에서 왕 상무 신상이 털
리면서 난리가 났었던 걸로 기억합니다.

 패러디와 조롱이 빗발치자 포스코 측은 6일 후 처음 사과문을
냈습니다. 계속된 비난에 4월 23일과 4월 25일에 걸쳐 두 차례나
더 사과했지만 한 번 식어버린 여론은 싸늘했습니다. 이런 행위

는 분명한 갑질이고 잘못이지만, 따져보면 인명이나 재산 피해가 없기에 '회복이 가능할 수도 있었던' 일입니다. 개인이나 기업이 더 빠르게 해명하고 제대로 사과했다면 해임까지는 막을 수 있었을지 모릅니다. 호미로 막을 것을 가래로도 못 막은 격입니다.

그런데 여기서 아주 재밌는 건, 당시 대한항공 기내 서비스 총괄부사장이던 조현아가 이때 사내게시판에 글 하나를 올렸다는 점입니다.

"폭행 현장에 있던 승무원이 겪었을 당혹감과 수치심이 얼마나 컸을지 안타깝다. 항공기의 안전이나 운항을 저해하는 어떤 행위도 용납해선 안 된다."

아마 이때까지는 자신이 머잖아 대한민국 사과문의 레전드가 될 줄은 꿈에도 몰랐을 겁니다.

다음 해인 2014년 12월 5일, 바로 그 일이 벌어집니다. 일명 '땅콩회항'이라고 불리는 전대미문의 사건입니다. 외신에서도 'Peanut Return'이라고 소개할 정도로 악명 높았죠. 뉴욕을 출발한 대한항공 1등석에서 승무원이 마카다미아를 뜯지 않고 봉지째 가져다 준 것을 조현아 부사장이 20여 분 동안 문제 삼다가 급기야 이륙 중이던 비행기를 멈춰 세웁니다. 이후 모두 알다시피 해당 비행기의 담당이었던 박창진 사무장을 JFK 공항에 내려두고 출발해 버렸죠.

대한항공 블라인드 앱에 처음 올라온 이 사건이 사실로 밝혀지고 여기저기서 승객 증언이 나오면서 수많은 기사가 온라인을 도배했습니다. 조롱과 비난이 쏟아졌습니다. 상황이 점점 더 심각해지는데도, 대한항공은 부사장에게 용서를 구하고 조현아의 입장만을 옹호하는 영혼 없는 사과문을 냈습니다. 이것이 여론에 불을 지릅니다. 급기야 9시 뉴스를 넘어 〈그것이 알고 싶다〉에서도 이 사건을 다루고 온갖 패러디가 넘쳐났습니다. 갑질 대명사에 이어 금세 고유명사가 되어 버린 이 사건은 '땅콩 회항'이 아니라 '땅콩회항'이라고 한 단어처럼 붙여 씁니다.

2014년 발생한 '마우나오션리조트 체육관 붕괴 사고'는 고의성은 없었지만, 10명의 사망자와 100여 명의 부상자를 낼 정도로 피해가 컸고, 회복 가능성이 거의 없는 대형 참사였습니다.

다음 날 경찰은 이번 사고의 1차 원인은 부실공사고, 그다음으로는 폭설이 내린 날 제설작업을 하지 않은 것이 2차 원인이라고 발표했습니다. 수사결과가 나오자마자 코오롱 측은 사고 발생 9시간이 지난 다음 날 오전 6시에 사과문을 즉각 냈습니다만, 워낙 사안이 커서 별 성과가 없었습니다. 이럴 땐 최고책임자가 넙죽 엎드리고 오너가 뺨이라도 먼저 맞고 시작하는 방법밖에 없을지도 모릅니다. 그러면 동정여론이라도 받을 수 있었겠죠.

그나마 전문가들이 제대로 쓴 사과문으로 꼽는 것은 '삼성병원 메르스 사태'입니다. 메르스 사태가 한창이던 2015년 6월 이재용 삼성전자 부회장이 서초사옥에서 허리를 굽히며 사과문을 직접 발표했습니다.

1년 넘게 투병 중인 부친 이건희 회장 이야기까지 꺼내며 유족들의 고통을 위로하려 노력하는 모습이 눈에 가장 먼저 들어왔습니다. 음압병실 확충, 백신치료제 개발과 같은 구체적인 해결책을 제시했고, 재발 방지도 약속했습니다. 위기관리 측면에서 이재용 부회장의 사과문은 '사과문 쓰기 절대원칙'인 'C.A.P.법칙 C.A.P. Rule'이 대체로 잘 지켜진 사례로 평가받고 있습니다.

구분	내용
Care & Concern (과거, 30%)	• 사건이나 사고를 신속히 공개하고 인정 　– 나쁜 소식은 가능하면 한 번에 알림 　– 특정인일 경우, 사과 대상을 구체적으로 지명 • 진정성 있는 관심과 우려, 위로 표현 　– 상투적, 일상적 문구 사용 금지 　– 최대한 상세하고 친절하게 상황 묘사
Action (현재, 60%)	• 피해를 최소화하려는 성실한 노력 　– 지금까지 확인된 사고 발생의 원인 공개 　– 사실관계 아닌 오류의 해명과 정정 　– 회사의 고생이 아니라 고객의 고통에 집중 • 피해의 정확한 확인과 현실적 보상 제시
Prevention (미래, 10%)	• 당사자 또는 최고책임자의 거듭 사과 　– 피해 규모에 따라 사과 주체를 구별해 알림 • 재발 방지를 위한 시스템 개선 약속

C.A.P.법칙의 첫 번째인 C는 '관심과 걱정 care & concern '입니다. 피해자를 신경 쓰고 걱정하고 있다는 진심이 담겨 있느냐가 핵심입니다. 무엇을 누구에게 왜 사과하는지 정확하게 밝히고, 관심과 우려의 마음을 먼저 전하는 겁니다.

A는 '행동 조치 action '입니다. 발생한 피해를 최소화하려는 성실한 노력을 보여주고, 지금까지 확인된 사고 발생의 인과관계를 투명하게 공개하는 겁니다. 이때 회사가 얼마나 고생했는지 하소연하는 것이 아니라, 피해자인 고객의 고통을 줄여주려는 노력을 보여줘야 합니다. 리콜이라든지 보상과 배상 대책이 여기에 포함됩니다.

마지막으로 P는 '예방 또는 방지 prevention '입니다. 비슷한 일이 또다시 생기지 않도록 문제의 원인이 된 시스템이나 설비, 제도, 문화를 바꾸겠다는 공개적인 약속을 뜻합니다. 피해 규모에 따라 가해 당사자 또는 최고책임자가 거듭 사과하며 진정성을 전해야 합니다.

절대로 해서는 안 되는 표현들도 있습니다. 편의상 짧게 바이오 B.I.O. 라고 이름을 붙여 봤습니다.

구분	내용	해석
But	• 본의 아니게, 그럴 뜻은 아니었지만, 어쩔 수가 ~	〔회피〕 그럴 줄은 전혀 몰랐어, 그게 왜 내 잘못?
	• 저만 그런 게 아니라, 그 당시 관례였지만 ~	〔억울〕 나도 피해자라고, 뭘 알고들 떠들어, 이 멍청아!
	• 죄송합니다. 준비된 사과문을 읽도록 ~	〔수동〕 뭘 잘못했는지 모르지만, 일단 시끄러우니까.
If	• 뉴스 보도를 보고 많이 놀라셨다면 ~	〔언론 공격〕 이게 다 그 빌어먹을 뉴스 때문이야!
	• 이번 일로 갑작스런 불편을 겪으셨다면 ~	〔조건부〕 솔직히 별로 피해 없잖아, 왜들 난리야.
	• 외부 업체를 제대로 관리감독했더라면 ~	〔책임 전가〕 내 잘못이 아니야, 그놈들이 그런 거지.
Over -action	• 죽을 만큼 끔찍한 죄, 입이 열 개라도 할 말 없습니다 ~	〔조롱/냉소〕 그래, 내가 죽일 놈이다, 사약이라도 줘라.
	• 이후 발생할 모든 책임을 제가 다 지고 ~	〔단정〕 에라, 급한 불부터 꺼야 하니, 지르고 보자!
	• 앞으로 잘할 테니, 제발, 싸나이답게 용서 좀 ~	〔강요〕 아, 씨, 이 정도 했으면 그냥 좀 봐 줘라!

　B는 '그러나ᴮᵘᵗ'입니다. '그럴 뜻이 아니었지만(회피)' '그 당시 관례였지만(억울)'이라고 말해서는 안 됩니다. I는 '만약에ᴵᶠ'입니다. '뉴스를 보고 많이 놀라셨다면(언론 공격)' '피해를 입으셨다면(조건부)' '외부 업체를 제대로 관리했더라면(책임 전가)'이라는 말투는 더 큰 위기의 씨앗이 됩니다. 마지막으로 O는 '과장된 반응 Over -action'입니다. '죽을 만큼 끔찍한 죄를 저질렀다' '입이 열 개라도 할 말이 없다'고 과장되게 말하는 것은 오히려 피해자를 조

롱하는 것입니다. '이후 발생할 모든 책임을 제가 다 지고'라고 말하지만 사실상 아무것도 책임질 수 없는 경우가 많습니다.

제 생각에 가장 황당한 사과표현은 BBQ치킨이 공식 블로그에 내걸었던 '싸나이답게, 시원하게 용서를 구합니다'였습니다. 슬그머니 치킨 가격을 올렸다가 문제가 되자 없던 일로 하겠다며 나온 말인데, 글을 올린 지 하루 만에 캡쳐본이 여러 커뮤니티로 퍼지면서 반나절도 되지 않아 댓글이 500개로 늘어났습니다. 이 일로 사장이 사표를 제출하며 사건은 일단락됐습니다. 사표를 낸 이유를 '개인 신변상의 변화'라고 밝혔는데, 그게 뭘 말하는지는 누구나 다 알고 있습니다. 사과를 장난으로 여기면 생각 못한 역풍을 맞게 됩니다.

개인이든 기업이든 사과문을 써야 하는 상황은 예고없이 찾아옵니다. 시나리오를 완벽히 짜서 미리 준비하기가 거의 불가능합니다. 그럴수록 감정과 여론에 휘말리지 말고 이성적으로 접근하는 게 중요합니다. 이때 다른 건 몰라도 최소한 'C.A.P.'와 'B.I.O'만 기억하면 평생을 따라다니는 최악의 사과문만은 피할 수 있습니다.

퇴임사

◇ 가야 할 때를 알고 가는 사람 ◇

아침부터 단톡방이 시끄러웠습니다. '이거 봤어?' 홍보인 100여 명과 세상 돌아가는 이야기를 나누는 온라인 공간이 있는데, 여기서 글 한 편이 이슈가 되었거든요. 다름 아닌 코오롱그룹 이웅열 회장의 퇴임사였습니다. 정치인도 아닌 기업인의 퇴임사가 한때 실시간 검색어 1위까지 오른다는 게 좀 의아했는데, 가만히 살펴보니 이유가 있었습니다.

기업인의 말씀은 보통 딱딱한 인사로 시작해, 한 해 또는 지금까지의 성과들을 돌아보는 경영환경 분석으로 이어집니다. 곧바로 유가와 환율이 복잡하게 뒤섞인 글로벌 위기를 여러 번 강조하다가 요새 유행하는 4차산업혁명이나 디지털혁신을 습관적으로 언급하기 일쑤입니다. 마무리는 대부분 "수익성 개선을 위해 전 임직원이 한마음이 되어 마른 수건을 짜 달라"는 익숙한 레퍼토리로 끝맺습니다. 이처럼 CEO의 말씀에는 개인이 들어갈 틈이 거의 없다 보니 이렇다 할 재미나 반전이 없습니다.

그런데 이웅열 회장의 퇴임사는 좀 달랐습니다. "여러분들에게서 '회장님'으로 불리는 것은 올해가 마지막이네요"라고 처음부터 강하게 운을 띄웁니다. 30대 그룹 총수의 퇴임이 갑자기 결정된 것은 아닐 테지만, 메시지만 놓고 보면 꽤나 충격적입니다. 열 살 손녀딸이

이웅열 회장
퇴임사 전문

운전기사에게 폭언을 한 것도 아니고 자녀가 미약이나 불법 승세, 횡령, 삽실에 휘말린 것도 아닌데 말이지요.

퇴임사에서 그분은 기업인 이웅열이 아닌, 정년을 마치고 회사를 떠나는 직장 선배의 모습을 하고 있었습니다. 회사와 후배들을 살뜰히 걱정하며 자기의 인생을 담담하게 털어놓습니다. 이건 분명 지금껏 쉽게 볼 수 없었던 모습인 게 분명합니다. 대부분의 어르신들 퇴임사에는 '내가 얼마나 대단한 일을 했는지 알아?'라는 허풍만 가득 담겨 있기 쉬운데 그렇지 않았습니다. 그 진솔함이 우리네 직장인들의 마음을 움직인 것 같습니다.

이웅열 회장은 아마도 좀 튀기로 작정한 모양입니다. "우물쭈물하다간 용기를 내지 못할까 두렵다"며 회사를 나가는 복잡한 감정을 그대로 드러냅니다. 평생을 회장으로 살아왔으니, 바깥에서 적응하는 것이 그분이라고 쉬울 리만은 없습니다. 물론 평범한 직장인과 같을 수는 없겠습니다만, 아무튼 그분은 "앞으로는 청년 이웅열로 돌아가 더 늦기 전에 창업을 하고 싶다"며 소박한 계획을 공개합니다.

좀 놀라운 건 "까짓것, 행여 마음대로 안 되면 어떻습니까. 이젠 망할 권리까지 생겼는데요"라며 기업인의 금기어인 '망하다'라는 표현도 서슴없이 내뱉는다는 점입니다. 격식 차린 문어체가 아닌 일상의 말투여서 더 친근하게 다가옵니다.

좀 더 흥미로운 부분은 난데없는 '금수저 고백'이었습니다. 새삼스럽죠. 그런데 오너 일가인 그분이 스스로를 금수저라고 말하면 자칫 의도와 달리 부정적인 여론에 직면할 수도 있습니다. 어쩌면 페이스북이나 트위터 또는 기사 댓글에 '금수저 개짜증' '대박! 육십 넘어 청년 뭥미?' 뭐 이런 식의 인신공격을 받을 수도 있습니다.

참모들이 이것을 모를 리 없었겠지만, 그분은 자신이 특별하게 살아왔다는 것을 돌려 말하지 않기로 작정했나 봅니다. 오히려 그 뒤에 가려진 책임과 무게까지 탈탈 털면서 더 큰 공감과 인간적인 이해를 구하며 정면돌파를 선택합니다. "금수저를 꽉 물고 있느라 이에 금이 다 간 듯하다"는 엄살 섞인 유머까지 천연덕스럽게 늘어놓습니다. 저도 치아에 금 좀 가고 싶습니다.

'취향 커밍아웃'도 꽤 재밌습니다. 이웅열 회장은 "윤태규 씨의 '마이웨이'라는 노래의 가사가 마음에 딱 와닿는다"고 했는데, 그도 그럴 것이 진솔하고 절절한 가사의 도입부가 그분 상황과 딱 맞는 것 같습니다.

"아주 멀리 왔다고 생각했는데 돌아다 볼 것 없어, 정말 높이 올랐다 느꼈었는데 내려다볼 곳 없네."

모두가 부럽다고 하지만 선택하지 않은 그 위에 올라선 오너 경영자, 나 혼자가 아닌 수만의 가족을 책임져야 하는 자리, 앞만 보고 달리다 인생의 절반을 훌쩍 돌고 나니 이디선가 찾아오는 공허감, 평범한 직장인들이 쉽게 공감할 수 없을지는 몰라도 나이 육십 즈음에 한 번쯤 느껴볼 수 있는 지극히 인간적인 감정입니다. 후렴구는 코오롱의 현재 상황과 묘하게 비슷합니다.

"누구나 한 번쯤은 넘어질 수 있어 / 이제와 주저앉아 있을 수는 없어 / 내가 가야 하는 이 길에 지쳐 쓰러지는 날까지 / 일어나 한 번 더 부딪쳐 보는 거야"

실제로 코오롱은 섬유와 화학 중심으로 사업 포트폴리오가 꽉 짜여 있는데, 이 분야는 앞으로 나아가지도 뒤로 물러나지도 않는 장치산업입니다. 야심차게 추진하는 제약사업으로 승부를 보는 것도 쉽지 않고, 의류나 화장품 분야는 경쟁자가 워낙 많아 생각보다 만만치 않습니다. 노랫말처럼 '한 번 더 부딪쳐 보는' 도전정신이 필요한 시점입니다.

저는 이 퇴임사를 읽으면서, 임원 회식에서 목 놓아 노래 부르는 건강한 60대 노신사의 모습을 눈앞에 그려봤습니다. 그 높은 자리의 회장님이 인간적으로, 그리고 구체적으로 코앞까지 생생하게 다가왔습니다. 이건 분명 전문 스피치라이터의 도움을 받은 글입니다.

"아니, 이렇게 중요한 말을 다른 사람이 썼다고?" 이렇게 반문

하시는 분들도 있겠지만, 저는 오히려 이렇게 중요한 말이기 때문에 회장님 혼자 쓰면 안 된다고 생각합니다. 아마도 회장님은 일정 부분 구술口述을 했겠지요. 나머지는 스피치라이터가 인터뷰나 신년사, 취임사, 현장순시, 강의, 경영 현안 자료들을 싹싹 그러모아 매끄럽게 채웠을 겁니다.

CEO와 가깝게 일하는 홍보인들의 단톡방에서조차 '이웅열 회장님이 퇴임사를 직접 쓰셨다' '다른 사람이 썼다'로 의견이 갈리는 것만 봐도, 이 글은 일단 아주 크게 성공했습니다. 울트라 빅히트를 친 것이죠. 그분이 자기 캐릭터와 목소리를 오롯이 낼 수 있도록 판을 열어줬고, 스피치라이터 자신의 존재는 완벽하게 감췄으니까요. 이런 실력자가 누굴까 궁금합니다.

그런데 여기서 정말 중요한 것은 누가 썼느냐가 아닙니다. 그분의 말씀은 적혀진 것으로 존재하지 않고, 말한 것으로 생명을 얻었으니까요. 이 말씀은 쓴 사람의 것이 아니라 온전히 이웅열 회장의 것입니다.

아마도 이웅열 회장의 퇴임사는 스피치라이터들에게 아주 좋은 자료가 될 겁니다. 머지않아 이 글을 벤치마킹한 퇴임사가 유행이 될 수도 있습니다. 이렇게 좋은 글들이 많이 나올수록 스피치라이터의 역할이 점점 더 은밀하고 어려워지겠지만 그래도 괜찮습니다. 고수에게 배우면서 저도 더 좋은 글을 쓰면 되니까요.

소셜미디어
◇ 페이스북부터 브런치까지 ◇

　예전에는 자기 글을 써도 어디에 올릴 만한 곳이 거의 없었습니다. 신문이나 방송, 출판과 같은 대중매체와 접촉하려면 상당한 비용과 노력이 필요했습니다. 그래서 글쓰기는 주로 문학이나 인문사회학 그리고 교육 분야에 종사하는 소설가, 기자, 과학자, 교수와 같은 일부 전문가들의 영역이었고, 직장인들이 서로의 글쓰기 능력을 확인하고 평가하는 것은 제한적이었습니다.

　하지만 지금은 좀 다릅니다. 얼마든지 내 글을 세상에 내보일 수 있습니다. 페이스북과 블로그 계정을 만드는 데는 3분도 안 걸리고, 30초면 한 편의 글을 인터넷에 올릴 수 있습니다. 글쓰기 앱을 다운로드하고 설치하는 데는 50초면 충분합니다. 2000년대 초반과 비교해 봐도 글을 유통하는 데 드는 수고가 눈에 띄게 줄었습니다.

글쓰기 플랫폼은 점점 더 편리해질 뿐 아니라 세분화되고 있습니다. 가장 일반적인 온라인 글쓰기 공간은 '페이스북'입니다. 페이스북은 일종의 인맥 확장형 개인 홈페이지입니다. 다만 서로의 이야기가 타임라인에 실시간 엉키다 보니 5분만 지나도 방금 쓴 글이 저 아래로 쑥 내려갑니다. 아무리 좋은 글이라고 해도 '좋아요'를 받지 못하면 휙 떠밀려가서 다시 찾기 어렵습니다.

이러다 보니 페이스북 공간에서는 짧고 재밌고 감각적인 글만 살아남습니다. 사람들은 치고 빠지면서 서로의 근황을 재빠르게 확인하고, 잠시 웃고, 정보를 살짝 얻고, 은근히 자랑하고, 허세를 슬쩍 떨고, 관심을 휙 끌고, 댓글을 타다닥 답니다. 워낙 순식간에 서로의 얼굴face이 책book을 넘기듯 휘릭 스쳐 가다 보니 심도 깊은 대화를 나누기는 어렵습니다. 이런 특성들 때문에 페이스북에서는 토론이 잘 이루어질 수 없습니다. 단지 캐릭터를 만들고 사람들과 관계를 맺는 글을 쓰기에 적합합니다.

배우 차승원은 한 인터뷰에서 "나에게 원하는 건 딱 두 가지다. '멋있거나 웃기거나' 나머지는 없다"고 말했습니다. 우리가 페이스북에서 할 수 있는 것도 딱 두 가지입니다. 멋있을 수 없으면 웃겨야 하고, 웃기지 못하면 멋있어야 합니다. 두 가지 중 자신에게 맞는 방향으로 글을 쓰면 됩니다. 저는 잘 웃기지는 못하고 '까칠하면서도 성실하게 글 쓰는 젊은 직장인 작가' 느낌을 주려고 노력하고 있습니다. 그거면 성공입니다.

여기서 좀 더 진지하게 글을 쓰고 싶다면 목적에 맞는 글쓰기 전문 플랫폼이 따로 있습니다. 이름마저 심플한 글쓰기 앱 '씀'은 오전과 오후 7시 하루 두 번 새로운 글감을 던져줍니다. 추억, 소풍, 첫눈과 같은 단어가 올라올 때도 있고 '우리는 왜 일하는가?'와 같은 짧은 질문을 던지기도 합니다. 함께 제시되는 시나 소설의 한 구절을 보고 생각나는 대로 짧은 글을 쓰면 됩니다.

'어라운드Around' 앱도 있습니다. 말 그대로 내 주변 이야기를 쓰라는 것입니다. 이 앱의 가장 큰 특징이자 장점은 익명성입니다. 악플이 걱정돼 소셜 글쓰기를 시작조차 못하는 사람들이 많습니다. 여기서는 그런 걱정을 하지 않아도 됩니다. 선플을 달아야 공감을 받고, 공감을 받아야 '버찌'라는 가상화폐를 받아 글을 쓸 수 있습니다. 칭찬과 격려가 가득한 따뜻한 공간입니다.

제대로 된 글을 연재하고 작가라는 타이틀을 소소하게라도 달고 싶다면 폐쇄형 플랫폼인 '브런치'가 제격입니다. 브런치에서 글을 쓰려면 포트폴리오, 작가 프로필, 집필 계획 등을 제출해 일주일 정도 심사과정을 거쳐야 합니다. 생각보다 통과하기가 쉽지 않아 3수, 4수를 하는 경우도 종종 생깁니다. 유튜브를 찾아보면 '카카오 브런치 작가 되는 법'이란 동영상도 있습니다.

브런치가 좋은 이유 중 하나는 까다로운 심사만큼 글의 질이 일정 수준을 유지한다는 점입니다. 광고나 비즈니스 목적의 글쓰기는 시작부터 걸러냅니다. 생활 속에서 꾸준히 글을 쓰는 사람들만을 선별한다는 뜻입니다. 또 하나 좋은 점은 독보적인 편집 기능입니다. 폰트, 이미지 첨부, 레이아웃이 깔끔하고 세련돼 유료 잡지에 오른 것처럼 세련된 편집이 가능합니다.

매년 연말이면 '브런치북 프로젝트'를 열어 실제 출판을 돕기도 합니다. '티거 Jang'이라는 필명으로 활동했던 장수한의 《퇴사학교》가 제1회 대상 수상자였다고 합니다. 여기서 몇십만 공유수와 조회 수를 기록하면 대중의 관심과 글의 수준을 이미 검증받았다고 생각해 그 자체가 훌륭한 마케팅이 됩니다. 2019년이 제7회 행사였고, 이 프로젝트는 아마도 출판계에서 무시하지 못할 등용문이 될 것으로 생각됩니다.

저는 2018년 5월부터 브런치에 글을 올렸습니다. 그동안 90여 편의 글을 썼는데, 구독자 수는 500명 정도이고 누적조회 수는 24만 회 정도입니다.《한남동 원주민》《맞춤법은 쉽다》그리고《회사에서 글을 씁니다》라는 세 개의 매거진을 발행하고 있습니다. 지금 이 책의 많은 내용은 브런치에 남겨둔 글이 씨앗이 되어 완성됐습니다.

처음에는 매주 수요일 브런치에 글을 올렸는데, 그걸 써내느라 밤을 새우고 오전 반차를 낸 적도 있습니다. '뭘 그렇게까지 열심히 하냐'고 갸웃하는 사람도 있겠지만 그 부담만큼 재미가 만만치 않습니다. 매거진을 아무리 꾸준히 발행한다고 돈을 버는 것은 아니지만 글을 올릴수록 '나'라는 사람이 누구인지 점점 더 선명해집니다.

브런치에 글을 꾸준히 올리다 보니 예전에는 포털 검색창에 제 이름 '정태일'을 치면 한국OSG 회장님이 맨 먼저 나왔는데, 요즘은 제가 맨 앞에 있어서 나름대로 기분이 좋습니다. 제 직업인 '스피치라이터'도 종종 검색해 봅니다. 예전엔 '강원국' 선생님이 화면을 도배했는데, 지금은 제 글도 조금씩 보입니다. 틈새시장을 찾은 것 같아 혼자서 뿌듯해합니다.

제가 글쓰기와 책 쓰기에 빠져든 이유 중 하나는 이것들은 오로지 자기의 재능과 노력으로 만들어 내는 획득자산acquired assets이라는 점 때문입니다. 대물림하여 내려오는 세습자산assets by

_{descent}이 아닙니다. 물려받을 건물이 없으니 빌딩 부자는 일찍이 포기했는데, 이야기 부자가 되는 건 포기하고 싶지 않습니다. 글을 쓰며 제 경험과 생각의 지평을 넓혀 가고 싶습니다. 포털 검색 창에서 '글 쓰는 여행자'를 검색해 주시면 큰 도움이 됩니다.

Part 6

상대의
마음을
움직이는
글쓰기

Writer's Pick

잘나가는 대기업 전자회사나 이동통신회사 직원들은 건
음걸이가 당차 보였고, 생명보험회사 직원이 된 녀석은
세련돼 보였고, 건설회사에 입사한 여자 동기는 터프해
진 것 같았고, 공인회계사가 된 동기는 쫀쫀해진 듯했고,
세무사가 된 동기는 거만해 보였다. 직장과 직업이 한 사
람의 사회적 신분을 결정짓고 사회적 신분이 그 사람의
내면과 성격을 좌우하는 것 같았으며, 나는 하급 공무원
이라는 신분과 하급 공무원의 성격을 벗어날 수 없을 것
같았다.

《표백》 장강명

'글못' 이 팀장과 '숫자만' 김 상무
─◇ 승진하려면 더 잘 써야 한다 ◇─

'쓰지' 못하는 이 팀장이 종로5가 어느 오래된 회사에 25년째 다니고 있었습니다. 그녀의 말에는 지시대명사가 넘쳐났고, 아무데나 조건이 붙었고, 물음표가 불쑥 튀어나왔습니다.

"아니면 그거, 일단 그렇게 하든가, 아니면 저렇게 해도 되지 않을까?"

애꿎은 팀원들은 수수께끼를 푸느라 매번 끙끙댔습니다. 분명 뭐라고 말을 하긴 하지만, 아무것도 말하지 않은 것과 마찬가지인 말이 많았습니다.

이 팀장은 한 시간 단위로 지시사항을 업데이트합니다. 좀 전까지만 해도 1차선을 달려 부산으로 가자고 하더니, 금세 유체이 탈을 해 부산을 꼭 가야 하냐고 묻습니다. 터널에서 차선 변경을 하거나, 고속도로에서 유턴하는 것도 쉽게 생각합니다. 하루는 용기를 내서 말을 꺼냈습니다.

"팀장님, 업무 지시를 이메일이나 메모로 적어서 보내주시면 좋겠습니다. 짤막하게라도."

상사에게 별거 아닌 이 한마디를 하는데도 심장이 쿵쿵 뛰었습니다. 100미터 달리기에서 꼴등을 하고 선생님 앞에 끌려온 초등학생 심정이 되어버립니다. 자신의 권위에 감히 도전했다고 여겼는지, 방금 떠오른 좋은 생각이라며 다듬어지지 않은 말을 아무렇게나 또 보탭니다. 상황은 더 복잡해집니다.

이 팀장은 늘 애매하게 말해서 실무자를 벼랑 끝으로 몰아넣곤 했습니다. 그리고 옆에서 지켜보다 운 좋게 잘되면 "그게 바로 내 생각이야!"라고 비실비실 웃으며 말하고, 실패하면 "야, 내가 너 그럴 줄 알았어. 내 생각을 그렇게 몰라?"라고 미운 소리를 합니다.

정말 신기하게도 이 팀장은 25년 동안 보고서 하나는커녕 글 한 줄도 쓰지 않았습니다. 오로지 지시사항을 포워딩하는 오른손 검지 손가락과 윗사람에게 "예, 잘 알겠습니다"라고 복명복창하는 입과 야근에 최적화된 무거운 엉덩이로 그 오랜 세월을 화석처럼 버텨온 겁니다.

하지만 일을 제대로 하려면 말만으로는 뭔가 부족합니다. 말은 계속 바뀌고 금세 날아가 버리니까요. 일을 할 때는 나중에라도 꼭 글로 남기는 것이 좋습니다. 말이 아니라 글로 쓰면 공유되고 주변에 노출되어 검증받을 수 있습니다. 업무 진행을 함께 살피며 수정하기에도 말보다 글이 좋습니다.

좋은 생각일수록 글로 많이 남겨야 합니다. 흐릿한 생각일수록 글로 써야 선명해집니다. 생각은 글로 모습을 바꿔야 좀 더 확실해집니다. 여러분의 팀장이 말로만 하려 들고 글 쓰는 걸 자꾸 미루거나 피하고 있다면, 그건 분명 나중에 일이 틀어졌을 때 혼자 빠져나갈 궁리를 하고 있는 겁니다. 리더 자격이 없습니다.

이 팀장이 글을 쓰지 않는 진짜 속사정은 아무 생각이 없기 때문입니다. 반어법이 아닙니다. 정말로 생각이 없습니다. 정리해둔 생각이 없으니 글을 쓸 수가 없는 건 당연합니다. 그녀는 듣기와 읽기, 말하기에는 익숙하지만, 쓰기는 미치도록 낯설어 합니다. 그저 위에서 오는 지시사항을 앵무새처럼 떠듭니다. 자기가 뭘 시키는지 한 줄로 정리가 안 되니까 그걸 말로 받아 일을 하는 팀원들의 결과도 한심할 수밖에요. 슬프게도 그녀는 자기 생각을 글로 쓰는 능력이 아예 없었던 것 같았습니다. 급기야 짧은 이메일도 혼자 못 쓰더니 쫓겨나듯 그 자리에서 내려왔습니다.

　종로에는 '숫자만' 챙기는 김 상무도 있었습니다. 감사실 출신인 그는 '숫자로 이루어진 세상은 허점이 없고 완전무결하다'고 믿었습니다. 그 생각이 지나쳐 숫자가 정리된 표로만 보고를 받았습니다. 어떤 글을 보여주면 한 줄도 읽지 않고 한 가지 질문부터 던졌습니다. "몇 글자야?"

　믿기 어렵겠지만, 김 상무는 글의 분량을 자음과 모음까지 따로 떼어서 계산했고, 단어의 사용 빈도를 통계로 내오라고도 했습니다. 문장을 아무 맥락 없이 위나 아래서부터 뎅강 자르기 일쑤였고, 자른 내용을 여기저기 기계적으로 갖다 붙였습니다. 표현을 하나 고치면 관련되는 다른 표현도 함께 고쳐야 한다는 사실을 아무리 설명해도 이해하지 못했습니다. 글이 하나의 생명을 가진 유기체라는 걸 인정하지 않았습니다.

물론 김 상무의 생각처럼 회사의 업무는 대부분 숫자로 뒤범벅되어 있습니다. 매출, 영업이익, 연구비, 회전율, 이런 것들이 다 숫자입니다. 숫자는 메시지 왜곡을 줄여주는 훌륭한 도구입니다. '잘하자'보다 '2024년 영업이익률 5% 달성'이라고 말하면 커뮤니케이션을 표준화할 수 있습니다.

김 상무가 숭배하는 숫자는 애매모호하지 않습니다. 그게 큰 특장점이기는 하지만 숫자가 커뮤니케이션의 전부는 아닙니다. 숫자가 제자리를 딱 지키면 팩트에 힘이 실리지만, 그렇다고 숫자가 문장을 대신하진 못합니다. 사람들은 '0과 1'로 정보를 주고받는 인공지능이 아닙니다. 숫자는 반드시 글로 재해석되어야 하고, 문장 안에 녹아들어 하나의 문맥, 즉 콘텍스트context를 만들어내야 의미가 생깁니다.

표를 정리하고, 숫자의 오류를 짚어내고, 함수식을 계산하는 데 온 힘을 쏟아붓는 김 상무는 사람들과 대화할 생각이 전혀 없어 보였습니다. 자기 손으로 한 편의 글은커녕 몇 줄의 글도 쓰지 않았고 엑셀 파일만 들여다봤습니다. 심지어는 대면보고를 모두 생략하고 앞으로는 모든 걸 숫자로 이야기하라는 지시도 내렸습니다. 그는 사람들과 말과 글로 대화하지 않았습니다. 마지막까지 자신의 승승장구를 확신하고 계셨을 게 분명한 김 상무님은 어느 날 쓸쓸하게 먼 곳으로 떠나셨습니다.

한 편의 이솝우화같은 두 사람의 이야기는 순도 90%의 실화입니다. 만약 이 팀장과 김 상무가 자기 생각이란 걸 가지고 그걸 글로 쓸 줄 알았더라면 아마도 지금보다는 훨씬 아름답고 훈훈한 결말에 도달했을지 모릅니다.

안타깝게도 그 둘은 "월급쟁이는 위로 올라갈수록 제대로 글을 써야 한다"는 걸 몰랐습니다. 회사생활을 잘하려면 글쓰기를 배워야 합니다. 글을 잘 써야 일도 잘 시킬 수 있습니다. 글쓰기를 배운다는 건 회사생활을 잘하고 싶다는 뜻입니다. 두 분께 이 글을 전해 드리고 싶지만 방법이 없습니다. 잘 읽지도 않으시니까요.

이공계와 공무원이 그렇게 쓰는 이유
◇ 무성의, 번역 투, 접속사 ◇

뼛속까지 문과였던 저는 삼각함수 개념을 아직도 정확히 잘 모릅니다. 수학과 물리의 모든 것이 여전히 낯설고 어렵습니다. 고등학교를 졸업하고 소설만 편식해 왔는데, 어느 날 리처드 도킨스의 《이기적 유전자》라는 책을 읽고는 생각이 좀 달라졌습니다. '과학도 충분히 재밌을 수 있다'는 것을 처음 알았습니다.

더 놀란 건 유발 하라리의 《사피엔스》와 《호모 데우스》를 만났을 때였습니다. 역사, 고고학, 철학, 미술, 공학을 총망라하는 슈퍼컴퓨터 수준의 방대한 지식이 아니더라도, 그 문장의 완결성만으로도 문학작품에 견줄 만한 수준입니다. 미래학자가 아니라 SF

소설가라고 해도 믿을 정도입니다. 좋은 글쓰기는 쉬운 글이라는 것을 다시 한번 느꼈습니다.

위대한 생각이 따로 있는 건 아닙니다. 한 번쯤 가져봤을 평범한 생각에서 인류 공통의 특별한 의미를 발견해 내고, 그걸 쉽게 풀어내면 시간의 검증을 통해 위대한 생각이 되는 겁니다. 프로이트의 《꿈의 해석》은 바로 그런 위대한 생각들로 가득차 있습니다. 읽다 보면 '아, 맞아! 나도 그랬던 것 같아'라며 빠져들게 됩니다. 주목할 것은 사상계思想界의 대전환을 가져온 이 책의 내용들이 옴니버스 단편소설처럼 하나하나가 다 재밌다는 점입니다. 차갑고 딱딱한 그들만의 언어가 아니라, 시장과 거리에서 조잘대는 생생한 비유와 상징을 조심조심 풀어놓았기 때문입니다.

특히 '기억'을 '신비스런 글쓰기 판'에 빗대 설명한 것은 꽤 놀라웠습니다. '글쓰기 판'이라는 것을 한 번쯤 보았을 겁니다. 표면에 글자를 썼다가 쓱 문지르면 바로 지워지는 아이들 장난감입니다. 여기에 글자를 쓰고 지우면 아무것도 쓰지 않은 것처럼 보이지만 그 아래에는 흔적이 남아 있습니다. 꾹꾹 누른 것은 바닥에 오래 남고, 휙 스친 것은 살짝 남습니다. 기억이란 이런 식으로 그 위에 계속 쌓인다는 겁니다. 의식에는 아무것도 남지 않은 듯 보여도 무의식에 남아 있는 것이죠. 이것만큼 기억의 메커니즘을 쉽게 설명하는 방법은 없어 보입니다. 실제로 프로이트는 문학과

철학에 정통했고, 1930년 괴테 문학상을 받기도 했습니다.

프로이트보다 어렵고 기묘하고 쇼킹한 이야기를 하는 게 아니라면, 이공계의 모든 담론은 노력하면 얼마든지 쉽게 쓸 수 있는 것들입니다. 그렇지 않은데도 글이 별 소득 없이 어렵기만 하다면 그것은 쓰는 사람의 문제입니다. '아는 사람은 다 안다'며 성城을 쌓고 있거나, 어쩌면 자신도 정확히 잘 모르면서 '아는 척 얼버무리는' 겁니다. 그도 아니라면 악취미에 빠진 사디스트Sadist거나 '될 대로 되라'는 식으로 무책임한 겁니다.

공무원의 문장도 둘째가라면 서러울 정도입니다. 예전에 '큐트하고 비비드한 느낌적인 컬러'라는 식의 '보그Vogue 병신체'라는 혐오 표현이 있었습니다. 패션잡지 특유의 말도 안 되는 문장을 비꼰 것이죠. 이대로라면 곧 '공무원 답답체'라는 말도 나올 것 같습니다. 실제로 이런 초안을 가끔 받는데, 워낙 인상 깊어서 따로 저장을 해놨습니다. 못 믿겠지만 거짓말이 아닙니다. 여섯 줄이나 되는데도 단 두 문장입니다.

탁월한 차별적 생산성 혁신을 창출한 데 있어서 전사 혁신 역량 집중을 위한 대내외 혁신 추진 체계 구성 및 중장기 마스터플랜 수립을 통해 국민이 체감할 수 있는 가시적 혁신 성과를 창출할 계획입니다. 따라서

공공기관들과의 협업 네트워크의 확대를 필요로 하는 전략 수립을 조
속한 시일 내 신속히 실시하고, 이를 바탕으로 앞으로도 실제적인 국민
의 삶을 변화시키는 지속 가능한 혁신을 계속 추진해 나가겠습니다.

숨 쉴 틈이 하나도 없습니다. 주술 호응은 사치입니다. 이걸 고
치는 것 자체가 끔찍한 일입니다. 이런 공무원 답답체의 세 가지
특징은 '단어와 표현의 반복' '번역 투 남발' '길게 늘어지는 뻔한
소리'입니다. '사업 모델 개발 추진을 통한 수익성 향상 추진'과
같은 이상한 문장을 수도 없이 봤습니다.

번역 투가 너무 익숙해서 왜 문제인지 모르는 사람들도 많습
니다. '~의$_의$' '~에 대$_對$하여' '~에 관$_關$하여' '~를 요$_要$하는' '~
로 인$_因$해'는 일본어를 번역한 말투이고, '~를 위한$_{for}$' '~에 의
한$_{by}$' '~를 가지다$_{have}$' '~을 취하다$_{take}$' '~하고 있다$_{be\ going\ to}$'는
영어식 표현입니다. 딱히 틀린 것은 아니지만, 이런 표현이 적을
수록 문장이 깔끔해집니다.

공무원 문장의 또 다른 특징은 접속사가 유난히 많다는 점입
니다. '그리고, 그래서, 그런데, 그렇지만, 그래도, 따라서'가 습관
처럼 붙습니다. 번호를 붙여 나열하는 개조식 보고서를 문장으로
풀어내다 보니 이렇게 된 겁니다. 상대방이 그 논리를 이해하지
못할까 봐 '이게 이유고 이게 결과야'라고 굳이 다 알려주느라 문

장이 이상해집니다. 문장을 본드로 이어붙인 모양새입니다.

특히 '및'이라는 접속사는 스피치라이터가 가장 경계하는 단어입니다. '및'이 가득한 원고를 읽으면 본의 아니게 그 특유의 발음에 묶여 쓸데없이 강조하게 됩니다. '수분 및 영양 공급'이 아니라 '수분과 영양 공급'이라고 쓰면 됩니다. '혁신 추진 체계 구성 및 중장기 마스터플랜 수립'이라고 쓰지 말고, '혁신 추진 체계를 구성하고 중장기 마스터플랜을 수립해'라고 바꾸면 됩니다.

리처드 닉슨 전 대통령의 스피치라이터 윌리엄 새파이어_{William Saphire}는 저서 《Lend me your Ears》에서 "전달할 수 없는 단어_{undeliverable word}를 경계하라"고 조언합니다. 아무리 뜻이 좋아도 발음할 때 더듬거리게 되면 더 좋은 다른 단어가 없는지 반드시 한 번 더 고민해 보고, 그래도 못 찾으면 과감하게 지우라는 뜻입니다. 연설문에 '및'이라는 접속사를 가급적 쓰지 않아야 하는 이유입니다.

글쓰기를 집짓기에 비유한다면 접속사는 벽돌과 나무를 이어주는 못입니다. 못이 삐쭉 나오고 여기저기 붙어 있으면 모양이 좋지 않고 위험해 보입니다. 접속사가 많을수록 글이 구차해지고, 적을수록 정갈해집니다. 논리적 개연성이 있다면 앞뒤 문장 사이에 접속사를 쓸 일이 별로 없습니다. 이 책을 쓰면서도 접속사를 최대한 줄이려고 노력했는데 어떤 건 그냥 두는 게 더 매끄

러워 일부러 남겨두기도 했습니다. 궁금하면 한 번 세어서 몇 개
인지 알려주세요.

포기하지 않으면 이공계와 공무원도 글을 잘 쓸 수 있습니다.
아리스토텔레스, 플라톤, 뉴턴, 공자, 맹자를 불러오지 않고도 문
장을 완결할 수 있습니다. RE100, SMP, GQ, RTP, EERS 같은 줄
임말이나 병진운동, 속응성, 포식기생, 인장응력, 암시야, 도괴,
시소러스처럼 그 뜻을 가늠하기 어려운 단어를 자꾸 고집하면 안
됩니다. 어려울수록 쉽게 써야 고수입니다. 어려운 걸 어렵게 쓰
는 것은 누구나 할 수 있습니다.

부득이 그 말을 꼭 써야 한다면 반드시 쉽게 풀어주세요. 다른
사물에 비유하고, 예시를 들고, 분류하고, 구분하고, 정의해야 합
니다. 그렇지 않다면 자신도 정확히 모르고 썼거나 오만하고 불
성실한 겁니다. 고상해 보이려고 일부러 어렵게 쓰는 건 갑질입니
다. 다른 사람 글은 쉬워야 한다면서 내 글은 어려워도 된다는 것
은 불공정거래입니다. 사장님, 이런 사람은 승진하면 안 됩니다.

빈말이 있어 오늘도 출근한다
◇ 고맙다, 축하한다, 미안하다 ◇

　"난 빈말은 못해!" 이걸 자랑처럼 말하는 사람들을 보면 내심 걱정됩니다. 이런 사람은 마음에 안 들면 꼭 싫은 티를 내야 직성이 풀리는 성격입니다. 아무리 부장이 꼴 보기 싫어도 회식 자리에서 "부장님 고맙습니다"라고 한마디만 보태면 좋을 걸 "난 입에 발린 말은 안 해!"라며 분위기를 망칩니다. 스스로는 '난 솔직하니까'라고 생각할지 모르지만, 어쩌면 그건 눈치 없고 배려심이 부족한 걸 수도 있습니다.

　반대로 생각해 보면 우리는 '적당히 빈말을 해주는 고마운 사람들'에게서 매일매일 힘을 얻으며 살아갑니다. 승진에서 밀렸을 때 "다음엔 잘될 거야!"라는 말을 듣고 위로를 받습니다. 혼자 야근할 때 부장이 "이거, 미안해서 어쩌지!"라고 빈말이라도 꺼내면 인내심을 넘길 뻔한 짜증이 절반으로 줄어듭니다. 아무리 힘든 일을 해도 "수고해 줘서 너무 고마워!"라는 말을 들으면 "제가 할 일인데요, 뭘"이라며 대응하게 마련입니다.

"수고는 개뿔, 내가 너한테 또 속을 줄 알고? 이 개××아!"라고 발끈한다면 사회적 지능이 많이 부족한 겁니다.

스피치라이터는 이런 '빈말'을 어떻게 하면 매끄럽게 잘할 수 있을까를 고민하는 사람입니다. 아무리 지난 한 해가 엉망이었어도 신년사에서는 "어려운 경영 여건 속에서도 의미 있는 성과를 내줘서 고맙다"며 잘한 점을 먼저 칭찬합니다. 직원들이 미워도 "새해 기운을 받아 모두 건강하고 행복하길 바란다"고 이야기해야 모두가 편안합니다. 노사 관계가 잡음을 내며 삐걱대도 "우리가 힘을 모으고 마음을 모으면 못할 게 없다"는 말을 해서 없던 희망을 쥐어짭니다.

빈말을 매끄럽게 잘하는 건 생각보다 쉬운 일이 아닙니다. 상대를 관찰하고 그 입장을 깊이 헤아릴 수 있어야 합니다. '이 사람이 가장 듣고 싶어 하는 말이 뭘까?' '어떤 말을 해주면 관계가 더 좋아질까?' '지금 꼭 필요한 이야기는 뭘까?'를 오랫동안 고민해야 합니다. 딱 맞는 빈말을 착 꺼내면 왠지 껄끄러운 이야기를 해도 말문이 열립니다. 입술에 매달린 두꺼운 얼음을 깨고 서로에게 의미 있는 커뮤니케이션을 시작할 수 있습니다.

업무협약ᴍᴏᴜ을 맺는 자리라면 '이번 협상 체결이 얼마나 기쁘고 우리에게 중요한지, 무엇을 기대하는지'를 분명히 알려줘야 합니다. 순직 사원을 추모하는 자리에서는 '회사가 얼마나 큰마음의 은혜를 입었고 그 고귀한 헌신을 평소에 고마워하고 있는지'를 충분히 전해야 합니다. 명예퇴직 직원을 떠나보낼 때는 '회사가 당신들을 무척 아끼고 자랑스러워하고 있다'는 말로 그분들이 가려워하는 데를 긁어줘야 합니다.

사건, 사고, 재해에 대한 사과문이나 입장문이라면 '피해자의 고통에 얼마나 공감하고 걱정하고 있는지'를 전략적으로 맨 앞에 배치해야 합니다. 환영사나 축사라면 '이 영광을 만들어 준 분들의 수고가 얼마나 컸는지' 고마워하고 '뜻깊은 자리에 함께해 주셔서 얼마나 기쁜지'를 강조합니다. 꼭 필요한 자리에 이런 빈말이 없거나 부족하면 뭔가 서운하고 민망합니다.

이렇게 '속이 꽉 찬 빈말'은 더 이상 빈말이라고 부를 수 없을 것 같습니다. 속이 꽉 찼으니 '든말'입니다. 배려와 감사가 깃든 말이고, 사과의 말이며 축하하는 말입니다. 이런 든말을 편안하게 잘해 주면 말을 주고받는 사람들의 사이가 좀 더 부드럽게 바꿉니다. 자칫 틀어지고 꽉 막혀버릴지 모를 고약한 관계에도 이런 든말들이 달려가 작은 숨구멍을 내줍니다.

빈말은 실속 없는 허언虛言이나 현실성 없는 공언空言과는 많이 다릅니다. 악의惡意에 찬 거짓말도 아닙니다. 마음에 깊이 담고 있지는 않았지만, 상대를 생각해서 굳이 말로 표현해준 고마운 말입니다. 아이들은 하지 못하는, 성숙한 어른들의 말이죠.

번거롭고 수고스럽다고 이걸 몽땅 생략해 버리면 상대방을 대화의 자리에 앉힐 수 없습니다. 본론을 꺼낼 수 없으니 결론을 맺을 수도 없습니다. 빈말의 이런 쓸모를 알지 못하고서는 효과적인 대화를 할 수 없습니다. 우리 주변에는 따뜻함과 지혜가 깃든 빈말이 많습니다. 그 덕분에 이 세상이 잘 돌아간다는 생각을 가끔 합니다. 생각해 보세요. "고맙습니다, 축하합니다, 미안합니다" 이런 말 덕분에 우리는 그렇게 깨지고도 내일 또 출근할 수 있습니다.

아부와 충성의 차이

◇ 하루키의 '몸집'과 '오리지낼리티' ◇

우리 주변에는 얼핏 비슷해 보여도 자세히 들여다 보면 같지 않은 단어들이 꽤 많이 있습니다. 고집과 소신, 휴식과 나태, 오해와 불신, 그리고 '아부와 충성'입니다. 힌트를 드리자면 둘을 구분하는 것은 크기나 방향이 아니라 '지속성'입니다. 행동이나 생각이 짧은 기간만 이루어지는지 아니면 비교적 오랫동안 계속되는지가 결정적 차이입니다.

생각을 바꾸지 않고 한두 번 버티면 '고집 Stubborn'이지만, 인생을 통틀어 지켜내면 '소신 Faith'입니다. 어쩌다 잠깐 쉬면 '휴식 Rest'인데, 매일 쉬고 또 쉬면 '나태 Idleness'입니다. 사람을 실수로 한 번 잘못 보는 것은 '오해 Misunderstanding'이지만, 죽어도 못 믿겠다는 건 '불신 Distrust'입니다.

아부와 충성 역시 둘 다 승진의 필수불가결한 요소지만, 따지고 보면 완전히 다른 말입니다. 둘을 처음에는 구별하기 어려워도, 그 속성이 전혀 다르기 때문에 어느 정도 시간이 지나면 결국 선명하게 드러나고 맙니다.

'아부 Flattery'는 누군가의 기분을 맞추려는 목적을 가지고 알랑거리는 행동입니다. 상대의 마음에 들려고 자신을 망가뜨리면서까지 무슨 짓이든 하다가도, 얻어낼 것이 없어지면 그 즉시 멈춥니다. 외모나 패션을 과하게 칭찬한다거나, 별 볼 일 없는 능력을 지나치게 치켜세워 준다거나, 철 지난 참새 시리즈에도 미친 척 크게 웃어주는 것은 아부의 일종입니다.

'충성 Loyalty'은 지극한 마음에서 우러난 말과 행동입니다. 상대를 사랑하거나 존경해야 할 수 있습니다. 상대를 지키기 위해 자신을 희생하는 일도 망설이지 않습니다. 딱히 더 얻을 것이 없는데도 예의 바른 언행을 유지합니다. 인품이나 능력을 배우고 싶어 한다거나 다른 것보다 상대를 우선시하는 마음이 바로 충성입니다.

글쓰기에도 이런 것들처럼 비슷하지만 전혀 다른 것이 있습니다. '글을 쓰고 싶다'는 마음과 '글을 쓴다'는 행위입니다. '나도 한 번 써볼까?' 하는 생각에 그치면 유행이고, '나는 오늘도 쓴다'고 하면 문화입니다. 저는 요즘처럼 사람들이 글쓰기에 관심을 가지는 것을 본 적이 없습니다. 당연히 응원해야 할 일이지만 아쉽게도 많은 사람들이 유행처럼 시작하는 글쓰기와 삶 속으로 들어온 글쓰기 문화를 혼동하곤 합니다. 쓰고 싶다는 것일 뿐, 한 줄도 쓰지 않는 사람들을 자주 봤습니다.

'노벨문학상 후보에 가장 많이 오른 작가'라는 슬픈 별명을 가진 무라카미 하루키는 수필집 《직업으로서의 소설가》에서 글쓰기를 프로레슬링에 비유합니다. "링에 한 번 오르는 것은 누구나 운이 좋으면 가능하지만, 링에 계속 오르는 것은 자격이 없으면 아무나 할 수 없는 일"이라고 말합니다. 그 특별한 자격을 받는 것은 하늘이 내려준 재능을 받는 것과는 조금 다른 문제입니다. 그 자격을 어떻게 확인하느냐고 묻자 하루키가 이야기합니다.

"대답은 단 한 가지, 실제로 물에 뛰어들어 과연 떠오르는지 가라앉는지 지켜보는 수밖에 없습니다. 난폭한 말이지만, 인생이란 원래 그런 식으로 생겨 먹은 모양이에요. …(중략)… 그래도 쓰고 싶다, 쓰지 않고는 못 견디겠다라는 사람이 소설을 씁니다."

링에 계속 오를 수 있느냐 아니냐를 결정하는 것은 '이기든 지든 링에 계속 오르고 싶다는 마음'에 달려 있습니다. 야유를 받든

환호를 받든 체력이 되는 한 링에 다시 올라 어떻게든 계속 부대끼겠다고 마음먹는 사람에게만 그 자격이란 게 주어집니다. 마찬가지로 어떤 이야기를 어떻게 쓰든, 결국 어디선가는 나쁜 말을 듣기 때문에 남들이 하는 말은 아무래도 상관없다고 생각해 버리면 됩니다. "어떻게 써도 그따위 말을 들을 거라면, 내가 쓰고 싶은 것을 쓰고 싶은 대로 그냥 쓰자! 왜? 내 맘대로 쓰면 기분이 좋으니까!" 이런 식으로요.

하루키는 또 말합니다. 그렇게 쓴 것들이 켜켜이 쌓이면 언젠가 하나의 몸집이란 것을 갖추게 된다고. 어느 수준 이상의 몸집量, Volume을 만들면 '시간의 검증'이란 것을 받아 '오리지널리티(독창성)Originality'라는 것을 새롭게 득템得+Item 할 수도 있다고. 하루키가 생각하는 글쓰기는 스테이지 하나를 넘으면 새로운 세계가 펼쳐지는 끝없는 게임과도 같습니다.

하루키가 강조하는 오리지널리티는 '신선하고, 에너지 넘치고, 틀림없이 나 자신인 어떤 것'을 가리킵니다. 이걸 가지려면 꾸준함을 지불해야 합니다. 내가 누구인지 계속 묻고 형편없는 글이라도 계속 쓰면 그 이야기들이 종잣돈이 됩니다. 여기에 이자가 붙고 잔고가 점점 불어나면서 오리지널리티가 생겨납니다.

오리지낼리티는 우리 같은 직장인에게도 필요합니다. 퇴근 후 약속을 줄이고, 출장길 KTX에서 노트북을 켜고, 지하철에서 핸드폰으로 메모를 하고, 주말에는 스타벅스에서 작가 흉내라도 내야 합니다. 그러다 보면 동기, 선배, 상사에게는 없는 오리지낼리티를 가질 수 있습니다. 이건 연봉이나 승진과는 다릅니다. 여기에는 출신이나 아부가 안 통합니다. 글을 꾸준히 써야 가질 수 있습니다.

강원국 선생님을 존경하는 이유
◇ 스피치라이터의 기쁨과 슬픔 ◇

"얼마 안 되니까 금방 되죠?" "급해서 그런데 오늘 좀 부탁드릴게요." "중요해서 그러니까 먼저 좀 해주세요." 이런 말을 듣는 순간 스트레스가 확 치솟습니다. 성격대로라면 "얼마 안 되는 거면 직접 하시든가!" "시간은 혼자 다 까먹고 나한테 왜 이래?" "중요한 거면 미리 했어야지!"라고 되받아치고 싶습니다. 물론 상상 속으로만 하고 맙니다.

더 짜증나는 건 아무런 설명 없이 개떡 같은 초안을 찰떡같이 바꿔달라는 겁니다. 최소한의 재료도 주지 않으면 어느 누가 와도 쓰지 못합니다. 심한 경우는 행사 일자와 장소가 적힌 종이 한 장조차 없습니다. 마법사가 아닌 한 무無에서 유有를 창조할 수는 없는 지경이죠. 소설이라도 쓰라는 건지 답답합니다.

초안과 참고자료를 다시 보내 달라고 요청하면 "제가 글솜씨가 워낙 없어서요"라는 무책임한 핑계를 대기도 합니다. 완성된 글을 써달라는 게 아니라 '뭘 써야 할지' '넌 무슨 생각을 하고 있는지'를 개략적으로 적어달라는 건데 그것도 귀찮은 건지 가끔은 못 알아듣는 척합니다.

모든 행사에는 그 자리를 마련한 이유, 참석자들의 기대, 이전 행사와의 연속성이나 차별성, 향후 추진계획과 같은 세부내용이 있습니다. 행사의 주최자가 우리인지 아닌지, 다른 행사에 참석하는 것이라면 몇 번째 귀빈인지, 참석자들과 CEO의 관계는 어떠한지에 따라 톤앤매너tone & manner가 완전히 달라질 수 있습니다.

태도와 어조를 어디에 맞출 것인지는 글의 내용을 결정하는 중요한 요소입니다. 과거의 실패나 과오를 딛고 다시 시작하는 입장이라면 겸허하면서 차분해야 합니다. 마지못해 참석할 때는 격식만 차리면 됩니다. 이제 막 관계를 만들어 보려는 경우라면 친밀감을 드러내어 어떻게든 만남 그 자체에 그럴 듯한 의미를 부여해야 합니다.

이런 앞뒤 맥락이나 참고자료 하나 없이 초안만 빨리 봐달라는 우격다짐 요청도 가끔 있습니다. 이건 '닥치고 맞춤법 교정이나 하라'는 소립니다. 콘텍스트Context까지 봐야지 텍스트Text만 볼 수는 없습니다. 전문직업인으로서의 자존심과 양심이 허락하지 않습니다.

가장 얄미운 것은 "죄송한데 이번만 그냥 그걸로 대충 봐주시면 안 될까요?"라는 말입니다. 이건 검수는 필요 없으니 "스피치 라이터가 검수한 말씀자료입니다"라는 보증만 해달라는 뜻입니다. 안 하면 안 했지 대충하고 이름을 올리면 나중에 잘못돼 덤터기를 쓸 수 있습니다. 고민하다가 정중하게 거절한 적도 아주 드물게 있습니다. 이런 식으로 일하면 꼭 탈이 납니다.

어떤 사람은 행사가 바로 내일이니 오늘 당장 내놓으라고 합니다. 마치 맡겨둔 걸 찾기라도 하듯이 양심도 없습니다. 참다가 못해 따지면 "행사 참석 여부가 갑자기 결정되는 바람에…"라며 죽는 소리를 합니다.

정말 싫지만 월급쟁이에겐 어떻게든 써내야 하는 불가피한 상황도 가끔 생깁니다. 월급쟁이의 비애를 실감하며 야근을 예약합니다. 제 경우에는 물리적 시간이 부족해 밤을 새우며 칼럼을 써낸 적도 몇 번 있었습니다.

한 번은 그분께서 해외 출장을 다녀오면서 아이디어가 번뜩 떠오른 모양입니다. 공항에서 한국행 비행기를 타기 직전에 하신 말씀을 비서실에서 카톡으로 급하게 보내왔습니다. 그때가 일요일 저녁 9시였는데 월요일 출근해서 보실 수 있게 초안을 준비해 달라고 합니다. 이때 말한 초안을 정말 초안으로 이해하고 대충 써서 보내면 큰일 납니다.

밤 늦은 시간이지만 홍보실, 기획실, 영업실, 현업 부서, 연구소 등 가까이 사는 직원들이 한 명씩 급하게 비상소집 됐습니다. 운동화, 트레이닝복, 아무렇게나 눌러쓴 모자, 다들 허겁지겁 달려온 게 틀림없습니다. 초조해집니다. '과연 쓸 수 있을까?'라는 불안감이 독성가스가 되어 대장에 가득 차오릅니다.

아무리 좋은 생각을 하려 해도 머릿속은 바늘처럼 따갑습니다. 사격장에 처음 갔던 그날처럼 귀가 윙윙 울립니다. 심호흡을 크게 하고 글쓰기 전원을 꾹 누릅니다. 그 순간 내색은 안 하지만 '못 쓰면 어떡하지?'라는 두려움이 듭니다.

다섯 명 넘는 사람들이 내 손가락만 바라보는 건 고역입니다. 하지만 이걸 써내기만 하면 존재감을 드러낼 수 있는 기회로 삼을 수 있습니다. 자정 무렵 힘내라는 미안한 표정을 지으며 모두 돌아갔고, 새벽 5시쯤 저는 어떻게든 초안을 써냈습니다. 팩트 체크를 한 번 더 하고 이메일을 보내고 나니 아침 7시였습니다.

휴게실에 비스듬히 누워 알람을 30분 뒤로 맞춰놨는데 5분 만에 핸드폰이 '지이잉 징' 울립니다. 각 부서별 검토 회신 메일이 벌써 와 있습니다. 눈을 부비며 두어 번 더 고친 수정본을 오전 8시쯤 비서실에 겨우 올립니다. 11시 30분, 그분께서 컨펌하셨다는 복된 소식이 울려 퍼집니다. "만세!" 저는 오늘도 제자리를 지키는 데 성공했습니다.

스피치라이터에게는 이런 남모를 고충들이 있습니다. 특히 신년사를 쓰는 연말연초와 창립기념일이 있는 달이면 더욱 그렇습니다. 정도는 다르지만, 대부분의 사람들이 그저 당연하게 받아보는 말씀들이 다 이런 과정을 거쳐 만들어집니다.

가끔은 같은 일을 하는 동료들과 수다를 떨고 싶은데 스피치라이터가 전국에 몇 명 없으니 그것도 쉽지 않습니다. 그저 무사히 글이 완성되었다는 데 만족할 뿐입니다. 그래서 이 직업은 글쓰기를 좋아하고 스스로 동기부여를 하지 않으면 오래하기 어려운 일입니다.

기업의 스피치라이터도 이런데 '파란 지붕 그분'의 말씀을 쓰는 청와대의 스피치라이터는 얼마나 힘들지 가끔 생각해 봅니다. 일단 말씀자료의 수에서부터 청와대와 기업은 비교가 되지 않습니다. 신년사, 모두발언, 만찬사, 환영사, 축사, 답사, 비전 발표, 기조연설, 담화문, 기념사, 경축사가 거의 매주 숨 가쁘게 이어집니다.

이견異見이 거의 없는 기업인의 말씀과는 달리, 정치인의 말씀에는 입장에 따라 그 의견이 극단적으로 갈립니다. 어느 쪽에 방향을 맞춰도 신문기사를 보면 악플이 주렁주렁 달립니다. 그런 청와대의 말씀자료를 쓴다는 건 상상만 해도 머리가 아득해지는 일입니다. 저도 잘 압니다. 아무나 할 수 없죠. 그래도 쓸 수만 있다면 한 번 꼭 써보고 싶기는 합니다.

당신만 모르고 다 아는 신년사의 비밀
◇ 승진을 위한 제안요청서 ◇

새해가 되면 기해년己亥年(2019), 경자년庚子年(2020)과 같은 육십 갑자六十甲子의 낯선 한자들이 포털을 점령합니다. '황금돼지해'나 '하얀 쥐의 해'라는 재미난 별명이 길흉화복을 점치는 토정비결과 함께 소개되기도 하죠.

이때는 정부, 기관, 주요 기업들이 시무식에 맞춰 신년사를 발표하느라 무척 바쁩니다. 지난 한 해의 성과와 실패를 짚어보고, 새해를 전망하고, 희망을 이야기합니다. 신문과 방송은 이것들을 여러 각도로 분석해서 〈신년사新年辭로 본 ○○○〉라는 기사들을 주르륵 쏟아냅니다.

대부분의 사람들은 이 신년사를 '새해 떡국'처럼 생각합니다. 때가 되면 당연히 나오는, 그저 그런 명절 음식쯤으로 여기죠. 하지만 이 세상에 당연한 건 없습니다. 새해 떡국을 상 위에 올리려면 일단 누군가 가래떡을 뽑고 먹기 좋게 썰어야 합니다. 해물이나 고기로 국물을 내야 하고 달걀을 얇게 부치고 채소를 볶습니다. 정갈한 그릇에 담고 고명까지 올려서 새해 첫 상에 내죠. 당연한 떡국은 하나도 없습니다.

신년사는 떡국과 비슷합니다. 매년 1월 1일 우리 앞에 꼭 찾아옵니다. 영양이 많고 안 먹으면 허전한데, 이상하게도 그걸 귀담아듣는 사람은 별로 없습니다. 어차피 뻔한 소리 아니냐며 대부분의 사람들이 신경도 쓰지 않지만, 신년사는 허울뿐인 말잔치가 아닙니다. 조직의 어제와 오늘, 그리고 내일과 정체성이 고스란히 담겨 있는 말씀 중의 말씀입니다.

대통령 신년사는 정부가 지금 우리 사회를 어떻게 바라보고 있는지, 어떤 문제에 주목하고 있는지를 그대로 보여줍니다. 더 나은 우리나라의 모습이 무엇인지, 대통령이 국민들에게 약속하거나 당부하고 싶은 것은 무엇인지, 우리가 함께 완성해 나가야 할 시대적 과제가 무엇인지가 여기에 모두 담겨 있습니다.

그래서 시간 순으로 대통령 신년사만 훑어봐도 우리나라 역사의 흐름을 알 수 있습니다. 이승만 초대 대통령(1~3대)과 윤보선 대통령(4대)은 주로 '법과 질서 유지'를 강조했고, 박정희 대통령(5~9대)은 '경제'와 '산업'을 자주 이야기했습니다. 최규하 대통령(10대)은 여기에 '외교' 개념을 추가했고, 전두환 정권(11~12대) 때는 법과 질서가 다시 등장합니다.

'사회복지'라는 말은 노태우 대통령(13대) 취임사에 처음 등장했고, 김영삼 대통령(14대)과 김대중 대통령(15대)의 신년사에는 '경제 발전'과 '질서 유지'라는 말이 고르게 나타납니다. 문재인 대통령(19대)은 '혁신' '포용' '번영' '평화' '통일'이란 단어를 신년사에 꼭 넣습니다. 이처럼 무슨 단어를 쓰느냐가 곧 리더의 생각이고, 그게 바로 국정 철학이며 국가 운영의 기초입니다.

기업의 신년사도 비슷합니다. 현재 회사가 서 있는 위치와 앞으로 나아가야 할 지점을 오롯이 담고 있습니다. 도입부에서는 지난해 매출과 영업이익을 짚고, 다음 문단에서는 유가와 환율을 언급하며 시장 변화와 경쟁자의 동향을 분석합니다. 본문에서는 삼성경제연구소 SERI 나 엘지경제연구원 LGERI 같은 연구기관의 통계자료를 제시하면서 국내외 경영환경을 예측합니다. 당부사항은 '첫째, 둘째, 셋째'로 친절하게 짚어주는데, 보통 다섯째를 넘지 않습니다.

쉽게 받아보지만 신년사는 결코 쉽게 쓴 글이 아닙니다. 비서실이나 홍보실 직원들, 여러 유관 부서 그리고 저 같은 스피치라이터가 며칠씩 야근하며 머리를 맞대고 만들어 겨우 내놓는 특별한 글입니다. 저는 연말이 되면 그간의 CEO 인터뷰, 연구 보고서, 관련 산업계 글로벌 동향, 산업부 발표자료는 물론, 그분께서 최근 즐겨 보시는 책이 뭔지, 연말 휴가 계획이 있으신지 챙겨보고 사소하게는 페이스북에 시시콜콜 올린 잡담까지 주의깊게 들춰봅니다.

이렇게 여러 사람들이 온갖 고생을 다해 만든 신년사는 결코 우습게 볼 글이 아닙니다. 신년사만 제대로 읽으면 리더의 눈높이에 내 기준을 맞출 수 있습니다. 내가 속한 조직이 무엇을 원하는지, 리더가 요구하는 핵심역량이 무엇인지 파악할 수 있습니다. 그런 면에서 신년사는 CEO가 직원들에게 직접 건네는 일종의 '승진을 위한 제안요청서 RFP, Request For Proposal'입니다. 문제를 꼼꼼하게 읽으면 그 안에 정답이 있는 것처럼 이 제안요청서를 찬찬히 뜯어보면 승진이란 목표에 다가갈 확률이 좀 더 높아집니다.

카페라테를 주문했는데, 아이스아메리카노가 나오면 기분이 좋을 수 없습니다. 리더가 신년사에서 '과감한 도전'과 '실패할 용기'를 강조하면 'R&D 역량 강화'와 '수평적 기업문화'를 말해야 합니다. '사업 다각화'를 이야기하면 '시장 다변화'를 꺼내야 합니다. 다행스럽게도 신년사에는 어느 쪽 깜빡이를 켜고 브레이크와 액셀을 언제 밟아야 하는지가 이미 다 써 있습니다. 한 해를 시작하며 최고경영자가 처음 내놓는 메시지에 재빠르게 반응하고 행간을 읽을 줄 아는 사람이 회사에서 성공하는 건 당연한 일입니다.

신년사는 여러 실무 부서가 기초자료를 만들고, 전문 스피치라이터가 내용을 취합해 문장으로 바꾸고, CEO를 가깝게 모시는 비서실이 몇 번씩 검토하고, 리더가 최종 컨펌해서 내놓는 글입니다. 여기에는 우리 조직의 존재 목적과 지금의 위치 그리고 미래의 모습이 압축돼 있습니다. 그러니까 신년사를 제대로 읽어내는 것이 처세술의 시작이고 승진의 핵심입니다. 그걸 하느냐 못하느냐의 차이는 생각보다 큽니다. 지금 당장 우리 조직의 신년사를 찾아보세요. 거기에 승진 비결이 있고, 금맥金脈이 있습니다.

Part 7

내 책
쓰는
직장인

Writer's Pick

"우리! 지금 '검은 바다'를 건너가고 있구나. 이게 우리 인생에서 어떤 의미를 가질까?" 내가 말했다. 대답을 바라고 물은 게 아니었으니까 대꾸도 없었다. 그런 질문의 답은 어디에도 나오지 않는다. 그 답을 알아내려면 더 많은 인생이 필요했다. 시간이 흐르면 그때 검은 바다를 건너간 일이 내 삶에서 어떤 의미였는지 저절로 알게 될 테니까.

《파도가 바다의 일이라면》 김연수

신춘문예, 그때는 맞고 지금은 틀리다
◇ 샐러라이터 전성시대 ◇

책을 쓴다는 건 분명 특별한 경험입니다. 자신의 경험과 지식을 의미 있게 기록하고 누군가에게 효과적으로 전달하는 일이죠. 지금도 그렇지만 불과 10년 전만 해도 책을 낸다는 것은 정말 어렵고 힘든 일이었습니다. 내 이름으로 된 책 한 권은 그야말로 경제적인 성공과 유명세 그리고 사회적 지위의 상징이었죠.

시, 소설, 수필, 희곡 같은 순수문학 분야에서 책을 내고 싶다면 신문사나 잡지사, 출판사가 주관하는 신춘문예를 통해 등단_{登壇}이란 걸 해야 합니다. 글깨나 쓴다는 국문과나 문예창작과 출신들이 많이 도전했는데, 경쟁률이 워낙 높아 문학고시라고 부를 정도였습니다. 지금도 많은 문인들이 신춘문예로 데뷔합니다.

비문학 분야도 책을 내기 어렵기는 마찬가지입니다. 고위공무원, 대기업 임원, 교수, 연예인, 변호사, 의사, 이런 남다른 직업이 아니면 책을 낼 수 없었죠. 글쓴이가 어디 다니는지, 무슨 일을 하는지가 아주 중요했습니다. 이름 없는 월급쟁이가 책을 낸다는 것은, 인어공주가 마라톤에서 우승하는 것만큼이나 불가능한 일이었습니다.

그래서 사람들은 직장인과 작가를 전혀 어울리지 않는 조합이라고 오랫동안 생각해 왔습니다. 월급쟁이거나 글쟁이지, 월급쟁이면서 글쟁이일 수는 없었습니다. 회사를 다니면서 책을 내고, 글을 쓰면서 다른 일을 한다는 건 '아름다운 슬픔' 같은 반어법처럼 들렸습니다. 회사생활이 그렇게 호락호락하지 않았고, 책을 쓰는 게 그리 쉬운 일도 아니었습니다.

'샐러라이터'라는 이상한 말이 처음 등장한 것은 최근의 일입니다. 월급을 뜻하는 '샐러리salary'와 작가를 뜻하는 '라이터writer'의 합성어입니다. 우리말로 풀면 월급 받는 작가, 글 쓰는 직장인 정도가 될 것 같습니다. 어느 날 술을 마시다 '이거 참 멋진 말이다'라며 좋아했었는데, 검색해 보니 이미 있는 말이었습니다. 구글신과 네이버 선생은 이미 다 알고 있었습니다.

샐러라이터가 그저 말뿐인 허상은 아닌 것 같습니다. 전업작가만이 아니라 주변의 우리 이웃들이 정말로 글을 쓰고 있으니까요. 편의점을 운영하며 영수증 종이에 쓴 글을 모았다는 봉달호 작가의 《매일 갑니다, 편의점》, 일러스트레이터 겸 빌딩 미화원인 김예지 작가의 《저 청소일 하는데요?》, 출입국관리국 공무원인 이청훈 작가의 《비행하는 세계사》는 생각보다 꽤 재밌습니다. 전주에서 버스 기사를 한다는 허혁 작가의 《나는 그냥 버스기사입니다》, 시간강사를 하며 대리운전을 했던 김민섭 작가의 《대리사회》, 스물일곱 여성 항해사인 김승주 작가의 《나는 스물일곱, 2등 항해사입니다》도 그런 책입니다. 이런 책들이 없었다면 제 주변을 스쳐가는 이들의 삶을 이토록 자세히 알 순 없었을 겁니다. 샐러라이터의 전성시대는 아마도 한동안 계속될 것 같습니다.

직장인 작가가 쓴 초대형 베스트셀러 중 하나는 《90년생이 온다》입니다. 이제 막 사원과 대리가 된 90년대생의 특징을 '간단, 재미, 솔직'으로 설명하고 있습니다. 어찌 보면 흔히 볼 수 있는 '밀레니얼 세대 가이드북'인데, 몇 년이 지난 지금도 관심이 식을 줄 모릅니다. 요즘 같은 출판 불황시대에는 2쇄만 해도 고마운 일인데, 이제 곧 꿈의 숫자 100쇄를 찍는다고 하죠. 부럽습니다.

이 책의 임홍택 작가는 CJ그룹에서 신입사원 입문 교육을 담당하다가 VOC(고객 불만)를 분석하던 직장인입니다. 작가로 성공해 지금은 육아와 강연에 집중하고 있다고 하는데, 책을 쓴 당시에는 우리와 같은 직장인이었습니다.

책이 유명해지자 가장 많이 들은 질문은 "회사 일 바쁜데 책은 언제 쓰냐?"였다고 합니다. 정말 궁금해서 물어본 게 아닙니다. 질투와 의심이 교묘하게 섞인 이상한 말입니다. '회사 일 바쁜데' 이게 질문의 속뜻입니다. 업무시간에 몰래 딴짓한 것 아니냐고 몰아세우려는 겁니다.

참 이상하게도 우리나라 직장인들은 자기가 못하는 것을 남이 하면 칭찬하고 응원하기보다 그렇지 못한 자신이 뭔가 뒤처지는 게 아닌가 막연히 불안해합니다. 직장인이 책을 내보면, 그 수고와 노력을 애써 깎아내리려는 분들이 주변에 꽤 많다는 걸 알고 깜짝 놀라실 겁니다. 모두가 다 비슷비슷한 모습으로만 살고 있어야 그걸 보며 안심하는 것 같습니다.

저는 그런 낡은 생각에 반대합니다. 회사에서 일을 하고, 거기서 배운 것을 책으로 내면 경험과 지식의 선순환이 이루어지면서 회사도 직장인도 함께 발전할 수 있다고 믿습니다. 이런 순진한 기대와 달리 대한민국의 직장 현실은 좀 차갑고 복잡한 것 같습니다. 책을 내면 마치 '우리는 이렇게 고생하는데 너는?'이라며 배신자 취급하기 일쑤입니다.

하지만 샐러라이터들은 배신자가 아닙니다. 직장인과 작가의 안전한 거리를 지키면서 글쓰기의 지속가능성을 높여가는 새로운 유형의 월급쟁이입니다.

샐러라이터를 어떻게 평가하는지에 상관없이 한 가지 분명한 건 샐러라이터의 등장으로 출판시장이 바뀌고 있다는 점입니다. 예전엔 책을 쓰려면 전문성, 필력, 명성이 가장 중요했습니다. 하지만 지금은 사람들의 생각이나 트렌드를 잘 읽고 표현할 수 있는 공감과 기획력이 더 중요합니다. 시대를 잘 읽고 차별화된 콘셉트를 찾아내고 그걸 내 목소리로 이야기할 수 있다면 평범한 우리도 누구든 책을 낼 수 있는 시대가 왔습니다. 물론 유명하고 글을 잘 쓰면 책 내기가 더 쉽습니다.

직장인 작가들이 주목받고 있다고, 그들의 책이 칸트의《순수이성비판》만큼 심오하다거나, 조정래의《태백산맥》이나 밀란 쿤데라의《농담》만큼 잘 쓴 책이라는 뜻은 아닙니다. 솔직히 말하면 어떤 건 웰메이드 웹툰 수준에도 한참 못 미칩니다.

하지만 여기에 뭔가 남다른 점이 있고, 지금 이 시대가 거기에 반응하고 있다는 점만은 분명합니다. 저 높은 곳에서 우아하게 내려온 게 아니라, 삶 구석구석에서 길어 올린 경험과 혜안이 가득 담긴 이야기들입니다. 〈생활의 달인〉이나 다큐멘터리 〈인간극

장〉과도 비슷합니다.

언젠가부터 사람들은 '평범한 진짜 이야기'에 주목하기 시작했습니다. 선택받은 그들만의 도도한 A급보다는, 어딘가 친근하고 익숙하면서도 책 구석구석 통찰이 담긴 B급을 찾습니다. '후지고 수준이 낮다'며 조롱을 섞어 아무렇게나 내뱉던 'B급(삐급)'이라는 단어가 지금은 '쉽고 재밌고 생생하며 남다른 감동을 주는 리얼 스토리'라는 긍정적인 의미로 바뀌고 있습니다.

글 쓰는 직장인의 가장 큰 힘은 아이러니하게도 책 쓰기가 생업生業이 아니라는 점에서 나옵니다. 먹고 살 방편이 따로 있으니 언제든 무슨 이야기라도 일단 시작하고 아무 때나 멈출 수 있습

니다. 뭔가 해야만 한다는 자본주의 논리에서 한 발 떨어져 있다 보니 서두르거나 억지를 부리지 않습니다. 비슷한 내용을 여러 번 자기복제하는 전업작가들과는 다릅니다.

직장인이 가장 잘 쓸 수 있는 글감은 단연 '직장인의 삶'입니다. 지금 하고 있는 일의 보람과 애환을 쓰는 게 가장 잘 맞습니다. 가끔은 "뭐 이딴 걸 다 책으로 쓰나"라며 글쓰기를 미리 포기하거나 남들이 쓴 책을 흉보는 사람도 있지만 그렇지 않습니다. 오히려 그 반대입니다.

샐러라이터들은 지루하고 평범한 '이딴' 일상을 책으로 쓰기 위해 자신의 삶을 치열하게 기록하고 수많은 자료들을 살펴보고 있습니다. 내 안을 자세히 들여다보고 바깥을 관찰하는 것, 그것은 책 쓰기가 주는 기쁨이자 더 나은 삶을 만들어 가는 자세입니다. 글을 쓰고 책을 내는 분들이 지금보다 많아지면 좋겠습니다. 나의 정체성이 세상과 연결되는 그 감동과 즐거움을 느껴 보세요. 내 책을 쓰며 조금씩 성장하는, 그런 멋진 삶을 독자 여러분들도 꼭 체험해 보시면 좋겠습니다.

직장인이 내 책을 쓰면 좋은 이유

◇ 벌거벗은 힘을 길러라 ◇

사람들은 왜 '글'을 쓰고 '책'을 내려고 할까요? 누군가는 호모 스크리벤스 Homo scribens, 즉 '글 쓰는 인간'이라는 멋진 말로 그 이유를 설명합니다. "이야기는 역사와 언어가 없던 시절부터 이어져 온 사람의 '생존본능'이다"라는 뜻입니다.

《모방범》《화차》《솔로몬의 위증》으로 유명한 일본 추리소설의 어머니 미야베 미유키는 "사람들은 누구나 이야기를 하고 싶어 한다. 그것도 내 이야기, 진짜 내 이야기를"이라고 말했습니다. 소설가 김애란은 "사람들이 아이를 낳는 이유는 자기가 기억하지 못하는 생을 다시 살고 싶어서다"라고 《두근두근 내 인생》에 썼습니다. 여기서 '아이를 낳는'이라는 말을 지우고 거기에 '글을 쓰는'이라고 써도 뜻이 통합니다. 둘 다 고개가 끄덕여지지만, 우리 같은 직장인들에게는 책을 써야 하는 현실적인 이유가 몇 개 더 있습니다.

첫째는 회사가 삶의 울타리가 되어주던 평생직장의 개념이 이젠 거의 찾아보기 어렵다는 점입니다. 연 1% 성장이 일상이 되면서 회사는 직원을 언제든지 자를 준비를 이미 마쳤습니다. 형님과 어머니처럼 굴던 예전과는 상황이 완전히 달라졌습니다.

둘째는 디지털과 정보통신기술의 발달로 모든 정보가 빠른 속도로 연결되고 있다는 점입니다. 내가 알고 있는 것들이 예전만큼 특별하지 않습니다. 검색만 하면 대부분의 지식과 경험이 탈탈 털립니다. 그 혼란 속에서 진짜와 가짜가 어지럽게 등장하고 저마다 자기가 전문가라고 떠들어 댑니다. 이럴 때 손에 잡히는 내 책이 하나 있으면 확실한 우위를 차지할 수 있습니다.

셋째는 책 쓰기를 하면 오래 일할 수 있다는 점입니다. 직장생활에는 정년이란 게 있지만, 책 쓰기는 나이를 먹을수록 더 잘할 수 있습니다. 머리로만 써낸 문장은 연륜이 만들어 낸 경험을 이기지 못합니다. 책 쓰기를 꾸준히 하면 자신의 삶을 준비기–성장기–중흥기와 같이 단계별로 정리하면서 커리어를 효과적으로 관리할 수 있고, 그 과정에서 이직·전직·창업과 같은 새로운 기회를 발견할 수도 있습니다.

　그러니 누구보다 직장인은 내 책을 꼭 써야 합니다. 인생 전부를 회사에 쏟아붓겠다는 산업화 시대의 생각을 아직도 하고 있으면 안 됩니다. 물론 회사에 몸을 담고 있는 월급쟁이가 평가, 연봉, 승진을 전혀 신경 쓰지 않을 순 없을 겁니다. 다만 제가 꼭 드리고 싶은 말씀은 회사는 내 인생에서 중요한 수단이자 과정이지, 전부가 아니라는 점입니다.

　조금 다르지만 비슷한 이야기를 하나 더 드려볼까 합니다. 직장인의 97%가 업무 중 딴짓을 해본 적이 있다고 합니다. 소소하게는 커피를 마시거나 잠시 산책을 할 수 있고, 비행기 표를 예약하거나 쇼핑도 할 겁니다. 유튜브를 볼 수도 있고, 누군가는 주식 투자를 몰래 하거나 친구나 가족과의 주말 계획도 잡을 겁니다.

　이런 딴짓을 퇴근 이후로까지 확대해 보면 더 다양하고 놀라운 결과가 나옵니다. 누군가는 딴짓을 통해 자격증을 따고, 누군가는 영향력 있는 사람들과 친분을 쌓습니다. 어떤 사람은 어학에 집중하고, 다른 누군가는 석사나 박사 과정을 밟습니다. 유튜버가 되거나 음악이나 미술 같은 취미를 새로운 직업으로 만들어내는 예술가 부류도 있습니다. 부동산 재테크로 부의 레버리지를 만들어 놓는 놀라운 딴짓도 합니다.

제가 아는 유일하고 가장 확실한 '창의적이고 생산적인 딴짓'은 자신의 지식과 주변 경험을 글로 옮기고 그것을 책으로 내는 일입니다. 이건 잘 안 되어도 큰 경제적 손실이 없습니다. 각질처럼 어차피 사라져 버릴 생각들을 모아 책을 쓰는 거니 따로 돈이 드는 게 아닙니다. 이미 있는 자원을 재활용하는 겁니다.

책을 쓰면 내 경험을 확장하고 세상과 연결할 수 있습니다. 제2의 인생을 만날 수도 있습니다.《익숙한 것과의 결별》의 고^故 구본형 선생님은 IBM에서 변화혁신 실무를 맡고 있었습니다. 그런 그분이 자기계발서를 쓰면서 주변 사람들의 삶을 바꿔내는 진짜 혁신가이자 베스트셀러 작가로 변신했습니다. 다국적 홍보대행사 차장이었던 한비야 씨는《바람의 딸 걸어서 지구 세 바퀴 반》의 출판을 신호탄으로 직장인에서 국제구호가와 오지탐험가로 삶의 방향을 바꿉니다. 이들을 멀리까지 데려다준 친구는 바로 글쓰기와 책 쓰기입니다.

시작이 어렵다면 비교적 안전하고 성과를 낼 수 있는 작은 것부터 도전해 보면 됩니다. 회사에서 발간하는 직원용 책자(사내잡지)가 있다면 사내 기자에 지원하고, 기업 계정의 블로그나 페이스북에 글을 올리면서 작은 상품권이나 원고료를 받아보는 것도 좋습니다. 앞에서 소개해 드린 '씀'이나 '어라운드' 같은 글쓰기 앱을 다운받아 짧은 글을 꾸준히 써보고, 브런치 작가를 신청해 매거진을 몇 달간이라도 꾸준히 연재해 봅시다.

회사에서 시키는 일만 하기도 버거운데 글을 꾸준히 쓰기가 쉬운 일이 아니라는 건 잘 알고 있습니다. 직장인이 글을 쓴다고 당장 뭐가 달라지는 것도 아니니 미루게 되는 것도 당연합니다. 매일 아침 출근해야 하고, 회식도 변함없고, 중2병에 걸린 또라이 상사의 잔소리도 계속됩니다. 우리 같은 월급쟁이가 이 굴레에서 벗어나는 건 로또에 당첨되지 않는 한 불가능합니다. 상황이 어렵지만 그 틀 너머의 희망을 가지려면 글을 꾸준히 쓰는 게 방법입니다. 쓰지 않으면 사라져 버립니다.

글을 모아 책을 내면 본연의 나로 살 가능성이 가만히 있는 것보다 몇 배는 커집니다. 운이 좋으면 강연을 할 수도 있고, 예상 못한 재능을 발견해 새로운 수익을 만들어 낼지도 모릅니다.

관심 분야를 돌아다니다 보면 '나도 이런 것 정도는 쓸 수 있지 않을까?' 하는 순간이 분명 한 번쯤은 생깁니다. 서점에서 책 세 권을 꺼내 읽고 콧방귀가 나온다면 그때가 바로 내 책을 쓸 최적의 타이밍입니다. 내 책 쓰기는 걱정하는 것보다 어렵지 않고 생각보다 꽤 매력적인 일입니다. 책이 명함을 대신하는 세상이 곧 옵니다. 너무 늦게 시작하면 나중에 혼자만 힘들어집니다. 투자는 타이밍입니다. 지금부터 글을 써보세요.

거절할 수 없는 제안을 하라

◇ 출판제안서 ◇

책 쓰는 과정은 취업과 비슷합니다. 이력서와 자기소개서 대신 출판제안서(또는 출판기획서)가 필요하다는 점이 크게 다를 뿐입니다. 이력서에 지원동기, 지원분야, 입사 후 포부, 업무역량 같은 것들을 쓰는 것처럼 출판제안서에는 가제목, 가목차, 작가 소개, 출판 목적, 경쟁도서 분석 같은 것들을 필수로 넣습니다.

구분	내용
가제목	책의 주제나 포인트가 담긴 책의 제목과 부제는? 제목만 보더라도 이 책이 뭔지 알 수 있게 쓴다. ( )

예상독자	이 책을 돈 주고 살 사람의 직업, 성별, 연령, 지역은? 가능하면 핵심독자와 주변 독자로 구분해 적어 본다. ( )
경쟁도서	비슷한 다른 책은? 그 책과 이 책이 다른 점은? 이 책이 기존의 어떤 책을 목표로 하는지 적어 보자. ( )
가목차	이 책은 어떻게 구성되는가? 본문 내용과 순서는? 최대한 생생하게 써라. 전체 구성과 비율도 맞춰 본다. ( )
저자 프로필	내가 이 책을 쓰는 이유는? 잘 쓸 수 있는 이유는? 남다른 경험이 있다면 최대한 자세히 풀어 쓴다. ( )

그중 첫 번째인 '가假제목'은 책의 얼굴입니다. 방울이, 튼튼이, 꼬물이 같은 일종의 태명胎名이죠. 뱃속의 아이에게 이름을 미리 지어주는 것처럼, 좋은 가제목을 짓는 것은 곧 나올 책에 대한 정성과 애정의 문제입니다. 아무리 임시로 짓는 거라지만, 트렌드에 한참 뒤떨어져 있거나 너무 평범해서도 안 됩니다.

가제목은 부제목과 짝을 이루면 더 좋습니다. 한쪽을 감성 넘치게 썼다면, 다른 한쪽은 차분하고 담담하게 사실 위주로 씁니다. 《죽고 싶지만 떡볶이는 먹고 싶어》를 패러디해 《퇴사는 하고 싶지만 월급은 받고 싶어》라고 제목을 지었다면, 부제는 '10년 차 직장인의 프리랜서 전업 생존기'라고 덧붙입니다.

출판제안서의 두 번째 필수요소는 '가 목차'입니다. 아직 책을 쓰지 않은 상태라 이것도 역시 임시지만 대충 짜면 안 됩니다. 책이 마치 완성된 것처럼 눈에 보이게 써야 합니다. 책의 주제, 전체 구성 그리고 원고 비율까지 세밀하게 적을수록 좋습니다.

이 책의 가목차 일부를 아래에 그대로 붙여봅니다. 여러 번 뜯어고쳐서 처음과 다르고, 아마 최종 인쇄본과도 꽤 다를 것 같습니다. 마감일자를 정하고, 초안을 완료한 것과 아닌 것을 색으로 구분해 일정을 관리했습니다. 막상 쓰다 보면 중복된 내용이 보여서 나중에 둘을 합치거나 하나를 삭제하는 경우도 종종 있습니다. 머리로만 생각할 때와 다르게 미리 정리해 보면 앞뒤좌우가 자연스럽게 정리되죠.

구분	챕터
프롤로그	스피치라이터는 어떻게 글을 쓸까
[PART.01] 글쓰기에 말걸기	◆ Writer's Pick ◆ 오쿠타 히데오 <우리집 문제>
글쓰기가 무엇인지? 어떤 자세로 글을 써야 하지?	[01-01] 같지만 좀 다른 생각 : 글쓰기는 상품이다
	[01-02] 월급쟁이가 글 못 쓰는 세 가지 이유 : 3無 현상(시간, 소재, 겸손)
	[01-03] 그러니까 당신도 써 : 쓰기 격차(Writing-Devide)
	[01-04] 지겨울 수록 더 써라 : 영화에서 배우는 일상을 글로 바꾸는 방법
	[01-05] <살인의 추억> 꼭 잡고 싶었습니다 : 외롭고 간절해야 쓴다
[PART.02] 글쓰기에 시동걸기	◆ Writer's Pick ◆ 이슬아 <나는 울 때마다 엄마 얼굴이 된다>
글은 어떻게 시작하지? 글을 잘 쓰는 방법은 무엇이지?	[02-01] 글쓰기 골든 서클 : Write with 'Why'
	[02-02] 지식인(人)에게 묻고 구글신(神)께 구하라 : 자료 검색
	[02-03] 날 선 안테나와 빼곡한 어록(語錄) : 수집·분류·모방
	[02-04] 투머치토커 '박찬호'에게 글쓰기를 알려준다면? : 짧게, 쉽게, 맞게
	[02-05] "재밌는 이야기 해드릴까요?"는 늘 재미없다 : 말하기와 보여주기
[PART.03] 격을 높이는 팔살기	◆ Writer's Pick ◆ 오르한 파묵 <아버지의 여행가방>
좋은 글과 나쁜 글은 무엇이지? 어떻게 하면 글의 완성도를 높이지?	[03-01] 따끔한 한 방 : 사운드바이트(Sound bite)
	[03-02] 단어 하나 마침표 하나 : 일자지사(一字之師)
	[03-03] 틀리고도 큰소리치는 이상한 사람들 : 맞춤법은 필수다
	[03-04] 지키고 깨고 새롭게 한다 : 검도(劍道)의 수파리(守破離)
	[03-05] 황교안과 김문수의 삭발하는 표정이 달랐던 이유 : 패턴은 배려다
	[03-06] 요리 못하면 글도 못 쓴다(Feat. 백종원) : 레시피와 구성요소
	[03-07] 소소익선(小小益善) : 글을 망치는 '완곡' 표현과 '이중' 표현
	[03-08] UV "쿨Cool 하지 못해 미안해" : 찌질한 놈이 글을 잘 쓴다
	[03-09] 쎈 언니 이효리가 큰 소리로 책 읽는 이유 : 낭독의 힘
	[03-10] <워킹데드>가 시즌10까지 장수하는 비결 : 반복과 변주

세 번째로 '작가 소개'는 내가 누구인지를 편집자에게 직접 알려주는 부분입니다. 순진하게 신변잡기만 털어놓는 게 아니라 내가 이 책을 쓸 만한 사람이라는 점을 설득력있게 증명해야 합니다. 학위, 외부활동, 직업, TV나 라디오 출연 여부, 그리고 이 분야와 관련된 특별한 경험들을 압축해서 적습니다.

아마도 책을 처음 쓴다면 딱히 쓸 말이 생각나지 않을 수 있습니다. 이럴 때는 평범함 속의 특별함을 강조하는 것도 방법입니다. '누구나 퇴사를 꿈꾸지만, 10년 동안 스무 번 이직한 직장인은 찾기 어렵다' '고3 아빠는 많지만, 고3 자녀와 1년간 세계여행을 떠난 아빠는 본 적이 없다' 이런 식으로 차이점을 강조합니다.

취업준비생 시절 64일간 자전거로 유럽을 달린 이야기를 첫 책《바이시클 다이어리》에 담았는데, 처음이라 딱히 자기소개를 할 게 없었습니다. 고민하다가 '묻지 마 취업을 포기하고, 잃어버린 20대의 열정을 찾아 유럽에서 페달을 밟은 88만 원 세대 취업 재수생'으로 제 자신을 소개했습니다. 좀 민망하지만 그때는 최선이었던 '대표성과 패기'를 강조한 것이었죠.

2010년에 쓴《서른 살, 회사를 말하다》는 신입사원들의 퇴사를 지켜보며 '세대 간 입장 차이'와 '회사의 구조적 모순'을 소설처럼 풀어낸 책입니다. 여기에는 '부장 욕하는 신입과 신입 욕하는 부장, 그 사이에서 양쪽 편을 다 들어주느라 현기증이 날 것 같은 서른하나 대리'라고 저를 소개했습니다.

2016년에 출간한 《홍보인의 사私생활》에서는 '대행사, 중견기업, 대기업으로 자리를 옮기며 다양한 영역의 홍보를 두루 경험한 12년 차 직장인'이라고 적었습니다. 책 내용을 뒷받침하는 객관적인 경력들을 제시하면서 그동안 써온 책들을 언급해 편집자에게 신뢰를 주려고 했습니다.

가끔은 자기소개를 자기 자랑으로 착각하는 분도 계신 것 같습니다. 대기업 어디를 퇴사했고, 상무 출신이었고, MBA 나왔고, 명문 대학을 나왔다는 번쩍거리는 간판들을 가득 채워 넣습니다. 그러고선 책과 나와의 연결고리는 아무것도 제시하지 못합니다. 아무리 자랑이 하고 싶어도, 자기소개는 책에 힘을 실어주는 내용만 골라 담아야 합니다. 작가의 자기소개도 책의 일부입니다.

소설가 김훈 선생의 프로필은 너무나도 간명하고 단단해서 감동적이기까지 합니다. '1948년 서울 출생. 2000년까지 여러 직장을 전전. 소설《칼의 노래》, 산문《풍경과 상처》외 여럿.' 짧고, 쉽고, 정확합니다.

> 1948년 서울 출생.
> 2000년까지 여러 직장을 전전.
> 소설『칼의 노래』, 산문『풍경과 상처』외 여럿.

네 번째는 '기획 의도'와 '출판 목적'입니다. 이 이야기를 지금 왜 하는지(트렌드), 누가 사고(예상 구매자) 누가 읽을지(예상 독자), 이 책의 특징은 무엇인지(시장분석), 어떤 책과 비슷한지(유사도서), 그것보다 뭐가 더 좋은지(경쟁력 분석), 이 책을 어떻게 팔 생각인지(마케팅 전략)를 적는 겁니다. 이것들을 한 방향으로 정리하지 못하면 슬프지만 그 책은 안 내는 게 좋습니다.

다섯 번째로 구체적이면서 현실적인 '일정'을 자세히 넣어주면 더 좋습니다. 아무리 좋은 소재라고 해도, 시기를 놓치면 쓸모없는 경우가 많습니다. 예전엔 '아프니까 청춘'이라는 말에 많은 학생들이 흔들렸지만, 지금은 '아프면 환자지, 그게 왜 청춘이냐'라고 되묻습니다. '90년생이 온다'고 처음 말한 80년생 이야기를 듣고 2019년에는 깜짝 놀랐지만, 2020년에는 '내가 90년생이다'라는 90년생 자신의 고백쯤은 나와야 주목을 받게 될 겁니다. 독자들은 빨리 열광하고 빨리 식습니다. 책은 제때 나와야 사랑받는 법이죠.

마지막으로 '시놉시스'를 첨부합니다. 가목차에 포함된 내용 중 일부를 직접 써서 보내는 겁니다. 작가의 역량과 문체를 보여주는 것이니 만큼 심혈을 기울여야 합니다. 그렇다고 책 분량의 절반까지 쓸 필요는 없습니다. 예고편은 영화에 대한 기대감을 갖세 하는 것만으로 충분하니까요.

여기까지 다 챙겨 넣으면 출판제안서의 형식적 요소는 다 갖춘 겁니다. 지금부터는 출판사의 편집자 입장이 되어 제안서를 다시 검토해 봅니다. 영화 〈대부〉의 명대사처럼 '거절할 수 없는 제안'을 출판제안서에 알차게 담았다면 이제 마침표를 찍고 이걸 어디에 보낼지 생각해 보세요. 출판사는 당신의 제안을 기다리고 있습니다.

《소설 거절술》
───◇ 출판사의 99가지 거절 방법 ◇───

야구에서 공을 던지는 것을 한자로 '투구投球'라고 하죠. 예비작가가 출판사에 원고를 보내는 것을 '투고投稿'라고 합니다. 강속구나 변화구가 포수의 글러브 속에 '꽉' 박히듯이, 우리도 좋은 원고를 편집자 품에 '팍' 던져 넣어야 합니다.

힘들여 쓴 내 원고를 어디에 보내야 할지 막막하다면 서점에 나가 비슷한 주제의 책들을 살펴보세요. 출판사의 창립연도, 대표 도서, 특징 그리고 이메일을 쉽게 수집할 수 있습니다. 그걸 표로 만들어 보면 윤곽이 잡힙니다. 서점에 나가지 않더라도, 1시간만 인터넷을 뒤지면 의외로 많은 정보를 찾을 수 있습니다.

구분	창업	특징	대표 도서(YES24 판매지수)	투고 이메일
바**출판	1993	전문성, 글쓰기 서적 중심	《보고서의 법칙》(33,903)《자기 역사를 쓴다는 것》(5,900)	bada****@daum.net
팬**	2008	발랄, B급, 유머, 상식	《예의 없는 새끼들 때문에 열받아서 쓴 생활 예절》(36,564)	fandom****@naver.com
인플***	2008	강의 플랫폼, 연사 중심	《명견만리》(68,601)《이대로는 안 되겠다》(12,966)	b****@infliential.co.kr
세***	1993	중견, 진중, 번역 다수	《기획의 정석》(21, 624)《부자언니 1억 만들기》(32,847)《맙소사, 마흔》(12,375)	홈페이지 접수
메디***	2008	기자 출신, 사회활동 多, 초대형 히트작	《대통령의 글쓰기》(850,570)《강원국의 글쓰기》(55,221)	m****@medicimedia.co.kr
위***하우스	1999	히트작 다수, 진지하고 트렌디	《무엇이든 쓰게 된다》(13,470)《퇴사를 준비하는 나에게》(1,002)	wisdom****@wisdomhouse.co.kr
RH*	2004	메이저 출판사, 번역서, 팔리는 책 위주 꾸준히 중간 이상은 내는 출판사	《곰돌이 푸》(874,587)	홈페이지 접수
웨*	2015	젊고 트렌디, 깊이, 전문성, 초대형 베스트셀러	《90년생이 온다》(84,627)《단어의 사연들》(11,070)《우리는 언젠가 만난다》(66,450)	s****@whalebook.co.kr
**출판	2002	에세이 중심 출판, 그 외는 약세	《무례한 사람에게 웃으며…》(611,748)《직장내공》(1,448)	gana****@naver.com

원고를 받아본 출판사의 반응은 대략 네 가지 정도일 겁니다.

첫째, '작가님을 뵙고 싶다.' 째지게 기분 좋은 대답입니다. 이럴 땐 늦어도 일주일 안에 연락이 옵니다. 출판 가능성이 꽤 높습니다. 취업으로 치면 서류 전형을 통과하고 임원 면접을 보는 것과 비슷합니다. 모두에게 이런 기쁜 일이 있기를 바라지만, 아쉽게도 이렇게 행복한 일은 100명 중 한두 명에게만 허락됩니다. 그 축복의 주인공이 당신이면 좋겠네요.

둘째, '고민해 보겠다.' 이건 두 가지 해석이 가능한데, 하나는 원고가 나쁘지 않지만 정말로 사정이 있는 경우입니다. 인내심을 갖고 2주 정도 기다려 보세요. 편집자가 휴가 중이거나 인사 이동을 했거나, 이달에 나올 다른 책을 마감하느라 바쁠 수도 있습니다. 다만 4주 후에도 연락이 없으면 완곡한 거절입니다. 한 달 동안 휴가 가는 직장인은 한국에 없을 테니까요.

셋째, '귀하의 원고를 잘 읽어봤지만 ○○○한 이유로 저희 출판사와는 맞지 않습니다.' 답답한 마음에 '어떤 점이 맞지 않은가요? 수정 의견을 주실 수 있으세요?'라고 후속 메일을 보낼 수 있지만, 회신을 강요하거나 기대하면 안 됩니다. 출판사가 원하는 출간 방향이 뭔지는 잘 모르겠지만, 이건 분명 나름대로 예의를 차린 고전적이고 사무적인 거절입니다.

넷째, 아무런 답신이 없는 경우입니다. 현실에서는 이런 묵묵 부담이 거의 80%가 넘습니다. 분명 읽었는데 일부러 씹은 거죠. 무관심한 거절입니다. 정말 바빠서 원고를 살펴보지 못했을 가능성은 1%도 되지 않습니다. 매몰차게 말하면 짤막한 회신을 할 성의조차 아깝다는 겁니다.

완곡한 거절, 고전적이고 사무적인 거절, 무관심한 거절을 차례대로 받으면 포기하고 싶어집니다. 하지만 카밀리앵 루아의 《소설 거절술》을 읽기 전에는 좌절하기 이릅니다. 이 책의 부제는 '편집자가 투고 원고를 거절하는 99가지 방법'입니다. 여기에는 상상을 초월하는 여러 종류의 거절 편지가 유형별로 분류되어 있습니다.

그중 단호한 거절 하나를 소개하면 이렇습니다.

"보내주신 원고를 몇 페이지 읽었습니다. 솔직하게 말하면 절대로, 어떤 상황에서도 우리가 이걸 출간할 가능성은 없습니다. 그러니 앞으로 이런 원고들로 우리 편집위원들을 괴롭히는 일은 다시 없길 바랍니다."

좀 더 센 거절은 이렇습니다.

"이것 보시오, 선생. 대답은 노! 노! 노! 확실합니다. 그만하면 됐소. 고집 부려봐야 소용없어. 이 결정은 절대 번복되지 않을 거요. 우리는 선생의 원고에 관심이 없어. 이런 걸 책으로 낸다는 건 말도 안 되는 일. 당신의 원고는 짜증만 돋울 뿐이오."

신경쇠약에 걸린 편집자는 이런 막말도 서슴지 않습니다.

"선생의 머릿속에서 배출된, 그리고 슬프게도 300페이지가 넘게 펼쳐지는 그 쓰레기가 방금 제 책상을 더럽혔습니다. 나는 선생이 감히 소설이라고 부르는 그 역겹고 흉측한 물건 앞에 깜짝 놀라 잠시 굳어버렸습니다."

카밀리앵 루아는 수없이 상처받았을 예비작가들을 위해 이 책 맨 앞에 이렇게 써두었습니다.

"나는 그동안 내가 받은 부끄러운 거절 편지들을 모두 보관하고 심지어 그 특징에 따라 분류해 놓았다. 당신도 곧 알게 되겠지만 편집자들은 무명작가의 원고를 거절할 때 무슨 말이든 해대는 족속들이다. 그러니 자, 이 책을 읽으시라. 그리고 부디 용기를 내시라!"

세계적으로 성공한 《해리포터》 시리즈를 쓴 조앤K.롤링이 무려 열두 곳의 출판사에서 모욕적인 퇴짜를 맞았다는 것은 잘 알려져 있는 이야기입니다. 오죽했으면 작가의 첫 번째 조건이 뭐냐고 묻자 "거절에도 담담할 수 있는 회복탄력성Resilience"이라고 말했을까요. 상처마저 이야기의 소재로 삼을 수 있는 강한 내면의 힘이 필요하단 뜻입니다.

만화《찰리 브라운》에 나오는 애완견 스누피Snoopy가 작가 지망생이라는 걸 아는 분들은 별로 없으신 것 같습니다. 스누피는 온갖 실패와 조롱에도 불구하고 스스로를 '강아지계의 톨스토이' '독스토옙스키Dogtoyevkey'라고 부르며 매일 밤 타자기를 두드립니다. 몇 년째 딱히 책을 내지 못하면서도 '어둡고 폭풍이 몰아치는 밤이었다It was a dark and stormy night'로 시작하는 문장을 꾸준히 읊조립니다.

어쩌면 이 애달픈 스누피의 모습이 그를 탄생시킨 찰스 슐츠Charles Schulz의 자화상은 아니었을까요. 찰스 슐츠는 병약했던 어린 시절과 오랜 무명의 세월을 견뎌내면서 결국 만화가로 성공했습니다. 어릴 적 우습기만 하던 스누피의 글 쓰는 모습이 지금은 왜 그리도 짠하고 존경스럽게 보이는지요. 예비작가인 우리가 지금 해야 할 일은 걱정하고 의심하는 게 아닐 겁니다. 스누피처럼 부지런히 쓰는 겁니다.

호구가 된 예비작가들
◇ 내 책 쓰기 장사꾼 ◇

네이버, 다음 그리고 구글에서 '책 쓰기'라는 세 글자를 검색해 보세요. 책 쓰기에 대한 지금의 관심을 반영하듯 관련 서적뿐 아니라 강의도 꽤 많습니다. 일부는 좀 과장되기도 했지만, 괜찮은 커리큘럼을 운영하는 곳도 여럿 보입니다. 글을 쓸 때 시작이나 마무리가 안 되는 사람들에게는 이런 책과 수업이 어느 정도 도움이 될 것 같습니다.

관심있게 살펴보다가 한 사이트에 눈길이 머물렀습니다. 클릭할수록 헛웃음과 짜증이 나면서 '이런 걸 정말 믿는 사람이 있나?' 하는 의구심과 우려마저 들었습니다. 어떤 건 경찰에 당장 신고해야 할 것 같았습니다. 시장이 과열되면서 장사꾼들이 많아졌습니다.

대부분이 선량하고 실력도 있는 글쓰기 강사님들이지만, 내 책 쓰기로 장사하는 사기꾼들은 분명 우리 주변에 있습니다. 그들은 예비작가의 욕망과 약점을 교묘하게 파고듭니다. 스스로를 '천재'나 '마술사'라고 부르는 걸 주저하지 않습니다. "내가 최고다"는 낯 간지러운 말을 아주 쉽게 합니다. "회원님, 저를 믿으셔야 합니다"라는 대사도 심심찮게 나옵니다.

중간에 힘들어하는 사람들에게는 족집게 프리미엄 과정을 살짝 알려주기도 합니다. 심화학습의 특별 수강료는 대기업 과장의 한 달 급여 수준인데, 조금 친해지면 글쓰기에 도움이 된다며 몇백만 원 하는 에피소드 모음집과 특별 비법서도 따로 판매합니다. 좀 비싼 것 같아서 주저하면 "회원님, 작가가 되고 싶지 않으세요?"라고 되묻습니다. "저만 잘 따라오면 누구나 한 달 안에 책을 쓸 수 있어요"라며 마음을 흔들어 댑니다. "책을 써서 금방 부자가 될 건데 이 정도 투자도 못하나요?"라고 불쑥 화를 내기도 합니다.

미심쩍어 하는 사람들에겐 이미 책을 냈다는 수강생 명단을 보여주면서 "내 수강생들의 출판 계약 확률은 95%이고, 그중 대부분인 약 500권 정도가 베스트셀러다"라고 강조합니다. 책 쓰고 잘나가는 변호사, 연예인, 한의사, 대기업 임원, 고위공무원 대부분이 자기에게 배웠다고 말합니다.

어렵게 원고를 다 쓰고 나면 생각하지 못한 비용을 추가로 내라고 합니다. 초고를 수정해야 하고 편집도 예쁘게 해야 해서 책 내는 비용이 조금 더 필요하다고 합니다. "다 왔는데 이대로 포기할 거예요?"라고 독려하거나 "우리 함께 잘해 보자"는 응원도 합니다. '어라?' 지금 보니 선생님 이름이 출판사 사장 이름과 똑같습니다. '아뿔싸!' 출판을 장담한 건 다 이유가 있었던 겁니다. 결국 내 책 한 권을 손에 쥐긴 하지만, 뭔가 호구가 된 기분입니다.

이건 지인의 경험담 중 일부입니다. 믿기지 않으시겠지만 사실입니다. 저도 '이게 다 새빨간 거짓말'이었으면 좋겠습니다. 누가 그런 것에 속느냐고 의아해할 수도 있습니다. 하지만 정말로 많은 분들이 속더라고요.

분명히 말씀드리면 내 책 쓰기는 사교육으로 그렇게 뚝딱 해결되는 것이 아닙니다. 또 내 책을 쓴다고 새로운 인생이 펼쳐지지도 않습니다. 갑자기 빌딩 부자가 될 수 없습니다. 힘들게 책을 내도 1쇄 2천 부를 다 팔지 못할 가능성이 아주 큽니다. 많은 분들이 환상을 좇고 있는 겁니다. 준비가 아직 덜 되었는데도 욕심만 커서 조바심이 난 예비작가들은 다루기 좋은 사냥감입니다.

10년 전쯤 출판가에 이런 열풍이 불었던 적이 있습니다. 제목에 '미쳐라'라는 말을 넣는 겁니다. 이런 식이죠.《10대 독서에 미쳐라》《20대 재테크에 미쳐라》《30대 승진에 미쳐라》《40대 부동산에 미쳐라》《50대 건강에 미쳐라》《60대 인생에 미쳐라》. 정말 미치지 않고서는 뭔가 불안할 정도였습니다.

요즘 출판시장, 특히 책 쓰기 시장을 보면 그 '미쳐라' 열풍이 다시 떠오르는 것 같습니다. '빈털터리도 억대 부자가 되는 내 책 쓰기' '대기업 그만두고 시작하는 내 책 쓰기' '초등학교에서 시작하는 내 책 쓰기' '수능 만점을 받는 내 책 쓰기' '취업 대신 도전하는 내 책 쓰기'라는 식의 제목이 무분별하게 쏟아지는 걸 보면서 무섭다는 생각까지 했습니다. 이건 뭔가 비틀어진 겁니다.

내 책을 쓰는 사람들이 많아질수록 세상은 깊고 다채로워집니다. 책을 쓴다는 건 분명 우리 인생에 큰 깨달음을 줍니다. 인생에서 누구나 한 번쯤 도전해 볼 만한 일입니다. 노년층에는 삶을 정리하는 기회가 되고, 아이들에게는 글쓰기를 배우는 좋은 공부가 됩니다. 사회적 약자들에게는 자신의 어려움을 호소하는 소통의 길이 되고, 배운 사람들에게는 고급지식을 주변에 전달하는 좋은 수단입니다. 우리 같은 직장인에게는 회사 밖에서 생존할 수 있는 강력한 '플랜B'가 됩니다.

이때 반드시 명심해야 할 건, 좋은 글쓰기는 혁명_{revolution}이 아니라 진화_{evolution}라는 점입니다. 한 번에 훌쩍 뛰는 게 아니라, 조금씩 올라가는 게 맞습니다. 두 칸씩 올라가는 방법은 없습니다. 직장인들은 자신의 업무와 회사 주변의 이야기를 길어 올리면서 조금씩 내공을 쌓아가며 책을 써야 합니다.

당장 내일 직장을 때려치우고 책만 쓰겠다는 분들도 가끔 있습니다만, 회사는 꼭 다녀야 합니다. 고정수입이 없으면 계속 글을 쓸 수 없습니다. 지금 일주일에 한 시간도 글을 쓰지 않는 사람들이 회사를 그만둔다고 갑자기 하루에 세 시간을 쓸 것 같지는 않습니다. 그렇게 쓴 책이 베스트셀러가 된다는 보장도 없습니다.

내 책 쓰기는 마법이 아닙니다. 굳이 비유하자면 취업과 많이 닮았습니다. 경험을 쌓고 내공을 갖추고 열정적으로 부딪혀야 입사할 자격이 주어집니다. 그걸 한 번에 건너뛰려고 하면 안 됩니다. 인생 역전이 아니고 샛길도 없습니다. 구심력을 갖고 내 안으로, 원심력을 갖고 주변으로 뚜벅뚜벅 걸어가는 것밖에 없습니다. 내 책 쓰기 장사꾼들은 편법이나 요행수를 바라는 예비작가의 약한 마음을 노리고 있습니다.

이 세상에 싸고 좋은 중고차는 없습니다. 당신에게만 특별히 주는 애플 공짜폰도 존재하지 않습니다. 한 달 만에 수학이나 영어 과목을 마스터하는 방법은 어디에도 없습니다. 1개월 만에 책을 쓰는 비법도 없습니다. 그런 게 있다고 말하는 사기꾼들이 수두룩할 뿐입니다.

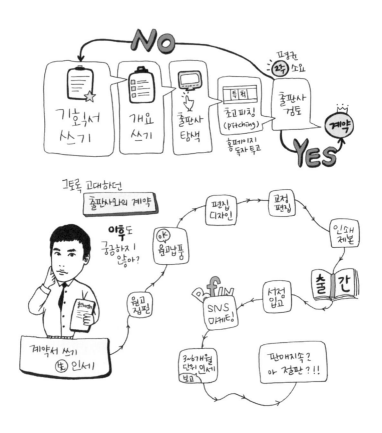

우리 인생도 '중쇄를 찍자'
◇일만 하며 살 순 없어서◇

〈중쇄를 찍자〉는 최근 들어 가장 재밌게 본 드라마입니다. 이 작품은 윤태호의 〈미생〉과 자주 비교되곤 합니다. 취업과는 무관하게 살아온 여자 유도 선수 출신 쿠로사와 코코루가 갑자기 〈주간 바이브스〉의 만화 편집자가 되면서 직장인 세계에 불쑥 들어온다는 시작부터가 비슷합니다. 아무것도 모른 채 열정만 가득한 주인공이 일을 배우며 성장한다는 흐름도 많이 닮아 있습니다.

〈중쇄를 찍자〉의 '중쇄'는 처음 찍은 책이 다 팔려 두 번째 인쇄하는 것을 가리킵니다. 이게 얼마나 어려운 일이면 드라마 제목이 '중쇄를 찍자'일까 하는 생각을 잠시 해봅니다. 1쇄 수량

이 한때는 3천 권이었는데, 요즘은 보통 2천 권이라고 합니다. 그만큼 책 읽는 사람들이 줄었다는 뜻이고, 책을 팔기가 더 어려워졌다는 이야기입니다. 모바일 환경이 발달한 것도 그 이유 중 하나일 테고요.

실제로 2017년 대한출판문화협회 통계를 보면, 신간 도서가 59,724종이고 발행부수는 총 8,365만여 권입니다. 우리나라 성인의 40%는 1년 동안 단 한 권의 책도 안 읽는다고 하고, 책을 실제로 읽는 사람들의 연간 독서량은 평균 8권이라고 합니다. 단순 계산을 해보면 거의 7,500분의 1에 가까운 확률을 넘겨야 독자의 손에 겨우 들어갈 수 있습니다. 어렵게 선택돼도 판매로 이어진다는 보장이 없습니다. 한 권 팔렸다고 다른 사람이 또 살지 장담할 수 없습니다. 상황이 이런데 2천 권을 다 팔고 중쇄를 찍는다는 건 얼마나 대단한 일일까요. 최소한 2천 명의 유료독자와 만났다는 뜻이니 그 자체가 감동입니다.

많은 예비작가들은 책을 내기만 하면 순식간에 다 팔릴 거라고 착각합니다. 여차저차하면 작가가 좀 사고, 나머지는 작가의 친구와 가족들이 사주면 된다는 순진한 계산을 하고 있죠. 아마도 힘들 겁니다. 얼굴 봐서 사달라는 데는 분명 한계가 있고, 그렇게 팔면 진짜 독자를 만나기 어렵습니다.

책이 안 팔려도 상관없다는 예비작가들도 있는데, 출판사 생각은 그렇지 않습니다. 출판사는 '이 책이 대중에게 얼마나 팔릴 것인가'를 고민하지 않고서는 절대로 책을 내지 않습니다. 자본주의 사회에서 팔리지 않는 책은 그저 골치 아픈 재고일 뿐입니다.

슬프게도 2천 권을 다 팔아도 작가에게 돌아가는 경제적 이익은 거의 없습니다. 출판 계약을 할 때 선先인세라는 개념으로 계약금을 받는데, 그게 전부가 될 가능성이 상당히 높습니다. 선인세는 보통 100만 원 수준에서 결정되는데 100만 원의 인세가 발생할 것을 예상해 '먼저' 준다는 개념입니다.

예를 들어 인세를 책 정가의 10%라고 하면, 1만 5천 원짜리 책 한 권을 팔았을 때 작가에게는 1,500원이 돌아갑니다. 얼추 계산하면 667권을 파는 시점부터 그다음 인세가 발생합니다. 그러니 책으로 억대 부자가 된다는 것은 처음부터 말이 안 되는 일입니다.

물론 예상 못한 홈런을 치는 경우도 있습니다. 새로운 길을 찾아볼 역전의 기회가 기적처럼 찾아오기도 합니다. 전前 청와대 스피치라이터 출신 작가인 강원국 선생님의 첫 책《대통령의 글쓰기》는 2019년 기준 195쇄를 넘긴 초대형 베스트셀러입니다. 입이 딱 벌어지는 경이로운 기록이죠. 저도 이 책을 여러 권 사서 선물하고 사인도 받았습니다.

'책 한 권 쓰기도 어려운데 씨봤자 안 팔린다'는 불편한 진실을 거칠게 폭로하려니 마음이 불편합니다. 심지어 1쇄 2천 부를 다 팔아도 손에 쥐는 수입이 고작 300만 원이라는 말까지 해버려서 죄송합니다. 상황이 이런데 책을 왜 써야 할까요?

글을 쓰고 책을 내는 이유는 아마도 이 세상 사람의 수보다 많을 겁니다. 돈을 더 벌고, 더 유명해지고, 더 폼을 잡고, 더 좋은 집에 살고, 더 높은 자리에 올라가기 위해 책을 쓰는 것일 수도 있습니다.

제가 생각하는 글쓰기와 책 쓰기의 진짜 이유는 그것들 이상입니다. '어제보다 훌륭한 사람이 되기 위해서' 씁니다. '부끄러운 제 자신을 돌아보기 위해서' 씁니다. '나를 이 세상에 표현하기 위해서' 씁니다. 여러분들은 어떤 이유로 쓰고 싶으신 건지요. 한 가지 확실한 건, 글을 쓰면 흐릿했던 삶이 선명해지고 책을 쓰면 산만하게 흩어져 있던 삶이 단단하게 뭉쳐진다는 점입니다. 우리가, 그리고 직장인이 책을 쓸 이유는 이것만으로도 충분합니다.

쓰고 싶지 않은 직장인은 없습니다

　농담과 애정을 섞어 저를 '정 작가'라고 부르는 분들이 사무실에 몇 분 계십니다. 얼굴이 발갛게 달아오른 채 "아휴, 왜 그러세요"라며 손사래를 치고 당황한 척을 합니다. 그래 놓고 속으론 '아, 맞다. 난 작가였지. 빨리 써야겠다' 이런 생각을 몰래 합니다.

　제 귀에는 회사의 직급인 '정 차장'보다 '정 작가'라는 호칭이 발음도 더 좋고 내심 기분 좋게 들립니다. 회사 밖에서 만난 분들께는 그렇게 불러 달라고 먼저 부탁하기도 합니다.

　'정차장'station, 停車場이란 호칭을 들으면 뭔가 제 삶이 회사 한가운데 멈춰 서 제자리 걷기를 하는 기분이 듭니다. 반대로 누군가 저를 '정자까'라고 부르면 제 앞의 수많은 장애물들을 발로 '까!' 부수는 것 같은, 묘하게 발칙하고 즐거운 상상을 하게 됩니다.

지처럼 *스스로*를 작가라고 생각하고 꾸준히 글을 쓰는 분들이 회사에 많아졌으면 좋겠습니다. 비서실 김자까, 회계팀 이자까, 영업본부 박자까, 기획처 최자까, 마케팅부 윤자까…. 일터에서 제 몫을 충실히 해내면서, 그 안에서 자기만의 이야기를 길어 올릴 줄 아는 '직장인 자까' 분들을 더 많이 만나고 싶습니다. 그분들을 위해 제가 할 일이 조금이라도 있다면 있는 힘껏 도울 준비가 되어 있습니다. 간절한 마음과 바람으로 제 부족한 경험과 지식을 이 작은 책에 오롯이 담았습니다.

하지만 슬프게도 이 책으로 바꿀 수 있는 건 아주 적습니다. 세상의 위대한 글쓰기 책을 아무리 여러 권 읽는다고 해서 평소에 해본 적이 없는 글쓰기가 갑자기 재밌어질 리 없습니다. 문장이 몰라보게 좋아지지도 않습니다. 다이어트 책을 수십 권 본다고 살이 빠지지 않고, 요리 책을 따라 한다고 음식을 잘하는 게 아닌 것과 마찬가지입니다. 가장 중요한 건 '직접' 해보는 겁니다. 매뉴얼을 공부하고 다른 사람의 경험을 듣는 걸로 만족하면 안 됩니다. 글을 잘 쓰고 싶다면 일단은 많이 써보는 수밖에 없습니다.

제가 아는 한, 쓰고 싶지 않은 직장인은 우리나라에 단 한 명도 없습니다. 그동안 방법을 몰라 용기를 못 냈을 뿐입니다. 그래도 다행인 건, 지금까지 이 책의 11만 글자들을 꼼꼼히 다 읽을 정도의 집중력과 의지가 있으신 분들이라면 누구나 자신만의 글을 쓸 준비를 이미 마쳤다는 점입니다. 그런 독자님들께 유언처럼 전하고 싶은 말이 딱 하나 있습니다.

"출근해선 회사와 통하는 글을 쓰고, 퇴근 후에는 나를 표현하는 글을 쓰세요! 이 책의 독자라면, 둘 다 충분히 잘할 수 있습니다."

덧붙이는 말 ◇

저는 요즘 제가 19년 이상 해온 일이 참 무섭다는 생각을 합니다. 말씀을 쓰려면, 사장님의 복잡한 속사정을 분석해야 하고, 끝없는 궁금증을 계속 풀어드려야 하며, 변덕과 반려에 숨은 진짜 이유를 재빨리 알아차려야 합니다. 그러니까 결국, 글을 쓰는 일은 어떻게든 상사와의 '관계'를 개선하고 '심리'를 파악하는 것이 핵심입니다.

미력하나마, 제가 세 곳의 회사에서 여섯 명의 사장님을 모시며, 피 흘리고 깨달은 직장 글쓰기의 비밀들을 사랑하는 독자님들께 이야기할 기회가 곧 생기길 바랍니다.

끝으로 부족한 제 글을 사서 읽고, 귀한 시간을 내 리뷰를 남겨주신 모든 독자님들께 머리 숙여 깊은 감사드립니다.

참고문헌 ◇————————————————————————

《꿈의 해석》프로이트 저, 김인순 역, 열린책들, 2004

《나는 울 때마다 엄마 얼굴이 된다》이슬아, 문학동네, 2018

《나는 왜 쓰는가》조지 오웰 저, 이한중 역, 한겨레출판, 2010

《두근두근 내 인생》김애란, 창비, 2011

《라면을 끓이며》김훈, 문학동네, 2015

《말하다》김영하, 문학동네, 2015

《빵 굽는 타자기》폴 오스터 저, 김석희 역, 열린책들, 2002

《뼛속까지 내려가서 써라》나탈리 골드버그 저, 권진욱 역, 한문화, 2018

《소설 거절술》카밀리앵 루아 저, 최정수 역, 톨, 2012

《수평선 너머(함석헌 저작집)》함석헌, 한길사, 2009

《아버지의 여행가방》오르한 파묵 외, 김윤진 외 역, 문학동네, 2009

《우리 집 문제》오쿠다 히데오 저, 김난주 역, 재인, 2017

《유시민의 글쓰기 특강》유시민, 생각의길, 2015

《이동진 독서법》이동진, 위즈덤하우스, 2017

《직업으로서의 소설가》무라카미 하루키 저, 양윤옥 역, 현대문학, 2016

《파도가 바다의 일이라면》김연수 저, 문학동네, 2015

《표백》장강명, 한겨레출판, 2011

《한국의 이공계는 글쓰기가 두렵다》임재춘, 북코리아, 2006

《흰 White book》한강, 문학동네, 2018

《90년생이 온다》임홍택, 웨일북, 2018

《Lend Me Your Ears》Safire, William, W. W. Norton & Company, 2004

<'소확행'은 개혁의 씨앗이다> 강준만, 한겨레, 2018. 7. 2.

<'진보의 틀'을 바꿔야 한다> 강준만, 한겨레, 2019. 11. 11.

<'추석이란 무엇인가' 되물어라> 김영민, 경향신문, 2018. 9. 21.

<팩트 틀린 보도, 신문들은 얼마나 바로 잡았을까> 박형재, The PR,

2018.12.6.

조직에서 무조건 인정받는
직장인의 실전 글쓰기 스킬

회사에서 글을 씁니다

초 판 1쇄 발행 2020년 2월 20일
초 판 3쇄 발행 2022년 7월 20일
개정판 1쇄 발행 2024년 4월 30일

지은이 정태일
펴낸이 백광옥
펴낸곳 (주)천그루숲
등 록 2016년 8월 24일 제2016-000049호

주소 (06990) 서울시 동작구 동작대로29길 119
전화 0507-0177-7438 팩스 050-4022-0784 카카오톡 천그루숲
이메일 ilove784@gmail.com

마케팅 / 홍보 백지수
인쇄 예림인쇄 제책 예림바인딩

ISBN 979-11-93000-39-7 (13320) 종이책
ISBN 979-11-93000-40-3 (15320) 전자책